무당벌레 우산, 소피아, 5살

꼬마 발명가를 찾습니다

스카이 레스토랑

우리는 끊임없이
변화하는 세상에
살고 있어요.
과학자와 디자이너는
우리가 불가능하다고
생각했던 것들을 매일,
새롭게 만들어내고
있지요.

바로 여기에 여러분이
해야 할 일이 있어요.
우리는 여러분이야말로
기발한 아이디어를
떠올리고 마음껏
상상할 수 있다고 믿어요.
물론 미래의 **발명가**라는
사실도 알고 있지요.

이 책은 **영감이
흘러넘치는 친구들을
위한** 거예요. 발명에
필요한 다양한 지식도
쌓고 멋진 아이디어를
떠올릴 수 있도록
도와줄 겁니다.

『어린이를 위한 첫
발명 수업』을 읽으며
생각을 이어나가고,
종이에 그리고, 전 세계
친구들과 공유하는
방법을 배워 보세요!

1장

기발한 아이디어로 가득한

리틀 인벤터스를 소개합니다!

리틀
인벤터스

**여기 어린이 친구들이
번뜩이는 아이디어를 가지고
있다고 믿는 사람들이 있어요.
바로 리틀 인벤터스지요.**

특별한 아이디어나 발명품을 가지고
있다면 리틀 인벤터스에게 보여 주세요.
우리는 독특한 아이디어를 골라,
각 분야의 전문가들과 함께 모형으로
만들고 있어요.

이렇게 만들어진 발명품들은
인터넷은 물론 전 세계에 있는
박물관이나 전시회에서도
볼 수 있어요.

우리는 크고 작은
문제들을 함께 해결하며
세상을 바꿀 친구들을
찾고 있어요. 세상을
변화시키는 건 누군가를
웃게 만드는 일처럼
간단할 수도 있고,
새로운 행성을 탐험하는
것만큼 어려울지도
몰라요.

이 책을 읽다 보면
아이디어가 샘솟는
꼬마 발명가가 되는 법을
배울 수 있어요.

또 문제를 발견하고
새로운 아이디어를
떠올리는 방법을
찾을 수 있지요.
이제 시작할 준비가
되었나요?

홈페이지로 놀러오세요.
littleinventors.org

꼬마 발명가 여권

이름

나이

좋아하는 것

싫어하는 것

좋아하는 활동

발명가가 되고 싶은 이유

나의 모습을
그려 보세요.

전 세계의
꼬마 발명가들

 뼈다귀와 점프

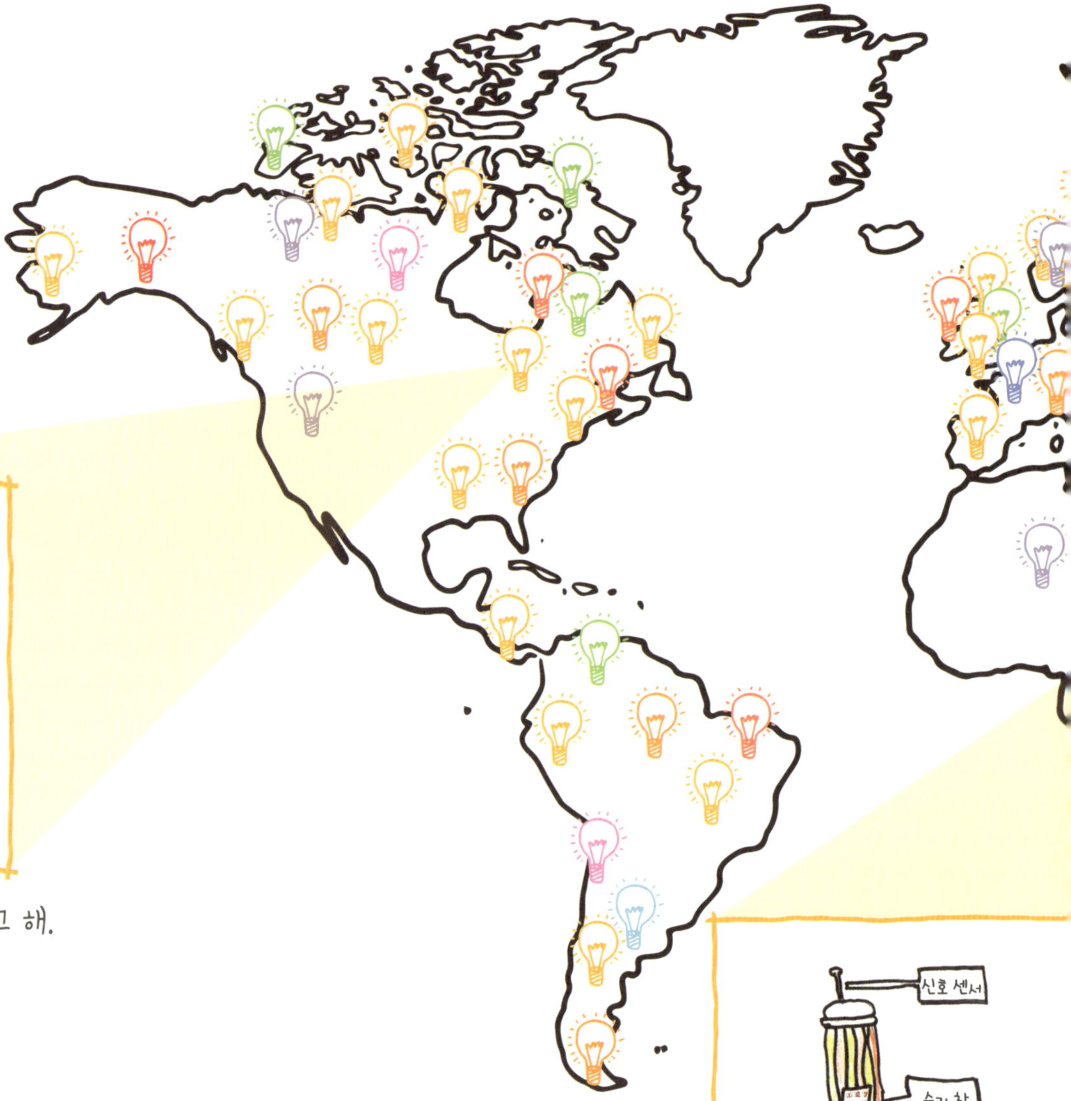

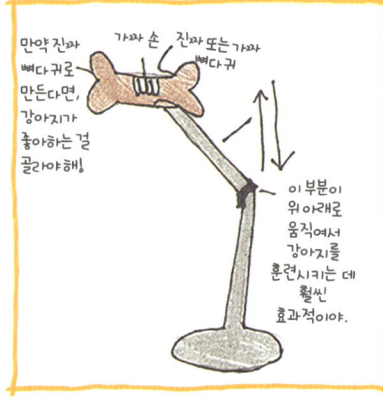

"내 발명품은 '뼈다귀와 점프'라고 해.
강아지가 점프 훈련을 할 때
사용할 수 있어. 플라스틱, 금속,
가짜 뼈다귀로 만들었어.
물론 진짜 뼈다귀를 사용해도 좋아."

레베카, 10세
캐나다, 토론토

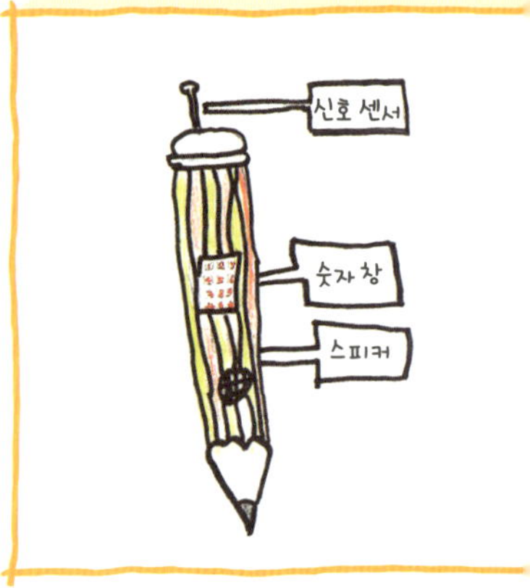

청소 신발

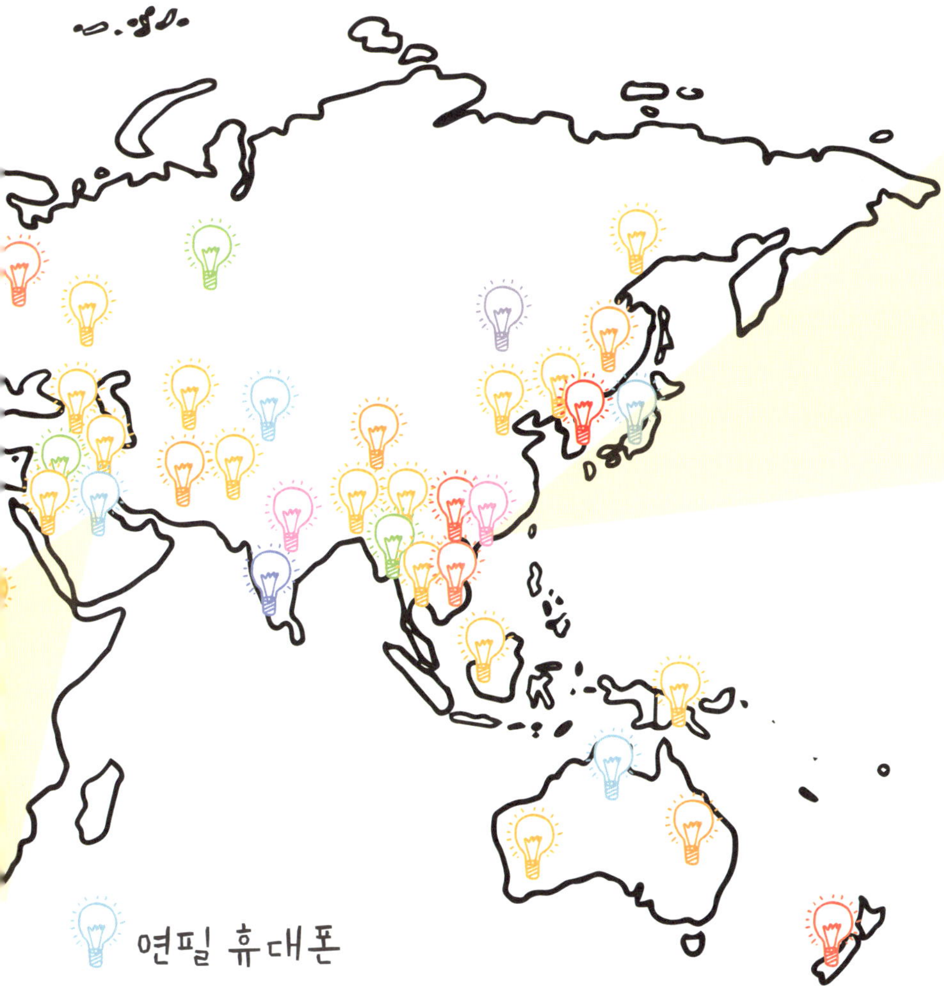

"내 발명품은 걸어 다니면서
청소할 수 있는 신발이야.
집 안 청소가 귀찮은 사람들을
위해 만들었어. 신발 바닥에
먼지떨이가 잔뜩 달려있어서
쉽고 편하게 청소할 수 있지."

샤오란, 14세
중국, 광저우

이제 **여러분** 차례예요!

연필 휴대폰

"내 발명품인 '연필 휴대폰'을 소개할게. 카메라나 화면이 없어서 학교에서도 문제없이 사용할 수 있어.
연필에는 작은 숫자 창과 신호 센서가 있지. 배터리가 부족하면 소리가 나는데 USB로 쉽게 충전할 수 있어."

파티마, 10세
사우디아라비아, 카티프

꼬마 발명가가 된다면 멋진 일들이 눈앞에 펼쳐질 거예요!

여러분의 발명품이 전 세계에 전시되는 걸 상상해 보세요!

올리버, 6살, 하이파이브 기계 발명가

올리버가 만든 발명품은 런던 빅토리아 앨버트 박물관 (V&A Museum)에 전시되어 있어.

여러분의 아이디어도 진짜가 될 수 있어요.

아나이스, 8살, 달콤한 사탕 모자 발명가

도미닉이 아나이스의 아이디어인 '달콤한 사탕 모자'를 실제로 만들었어!

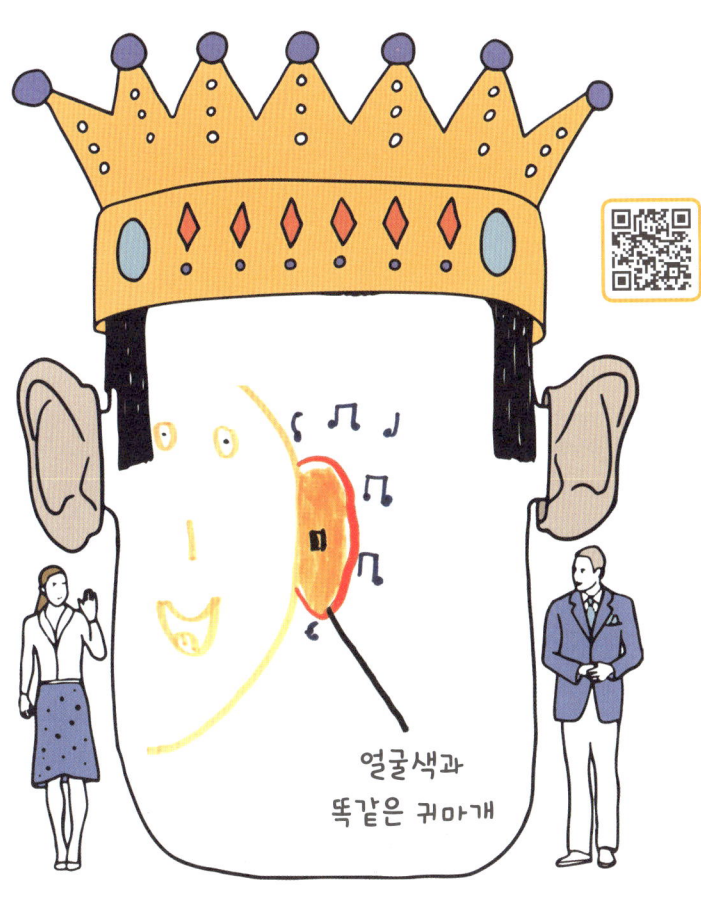

얼굴색과 똑같은 귀마개

발명을 하다 보면 멋진 사람들을 만날 수도 있어요.

에밀리, 8살, 귀모양 귀마개 발명가

에밀리는 영국의 윌리엄 왕세손 부부 앞에서 발명품을 보여 주고 설명하기도 했어.

멋진 아이디어는 지구를 벗어나 우주로 떠나기도 해.

코너, 11살
우주비행사들이 달에 자기만의 특별한 발자국을 남길 수 있는 부츠를 만들었어.

이 부츠 덕분에 국제우주정거장*까지 코너의 이름이 알려졌지.

* 국제우주정거장(ISS, International Space Station)은 미국, 러시아, 일본, 중국 등이 힘을 합쳐 건설 중인 우주정거장이에요.

**우주 최고의 발명가,
도미닉 윌콕스를
소개합니다!**

도미닉 윌콕스는
발명가이자 디자이너,
예술가랍니다.
박물관이나 전시관에서
그의 작품을 볼 수 있어요.

그의 아이디어는 항상
멋지고 흥미로워요.
엄청나게 환상적인 것도
있지요.

사진 : 실베인 딜런

스테인드글라스로 만든
미래의 무인 자동차

"아마 2060년이 되면 모든 자동차가 자율주행이 가능하게
될 거예요. 아주 안전하게 말이죠. 그래서 난 침대를 넣은
유리 자동차를 만들었어요. 운전을 하다가 편하게 쉴 수 있지요.
물론 침대 대신 카페나 욕조, 사무실처럼 또 다른 공간을 넣을
수도 있답니다."

GPS가 달린 신발

← 사진: 조 맥고티

"우리가 가고 싶은 곳이라면 어디든지 안내해주는 신발이에요. '오즈의 마법사'에서 영감을 받았어요. 도로시가 구두 뒤꿈치를 부딪쳐서 집으로 돌아왔던 것을 생각하면서 말이지요.

신발에 우편번호를 입력하면 신발 앞코에서 불빛이 반짝이는 걸 볼 수 있어요. 이 불빛은 우리가 어디로, 얼마나 가야 하는지 알려준답니다."

냉각팬이 달린 찻잔

"차를 마시다가 너무 뜨거워서 깜짝 놀란 적이 있지요? 그래서 받침에 냉각팬을 달았어요. 이제 마음 놓고 차를 마실 수 있답니다."

도미닉은 지금…

전 세계 어린이들이 자신만의 특별하고 기발한, 때로는 괴짜처럼 보이는 아이디어를 떠올릴 수 있도록 돕고 있어요.

이제
꼬마 발명가로
변신할 시간입니다!

2장

발명은…
작은 아이디어로부터!

발명의 힘!

작은 숟가락에서 우주 로켓까지 발명의 역사는 "어떻게 하면 보다 쉽고 편하게, 더 재미있게 생활할 수 있을까?"라는 생각에서 시작되었어요.

이런 생각이 늘 대단하게 시작되는 것은 아니에요.

친구와 수다를 떨거나 아무 생각 없이 가만히 있을 때에도 '**만약에…?**' 라는 호기심이 싹을 틔우지요.

인류 최초의 다리는 이런 모양이었을지도 몰라요.

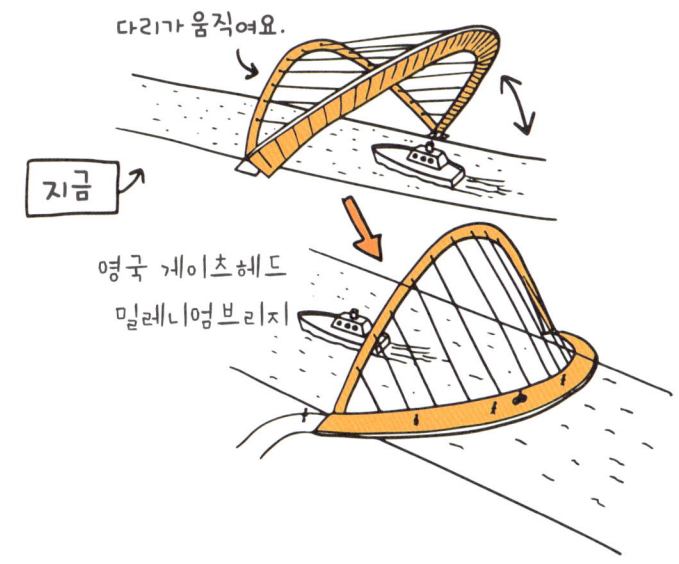

100년 전

200년 전

1000년 전

다리가 움직여요.

지금

영국 게이츠헤드 밀레니엄브리지

정교한 발명품과
복잡한 기술도 모두
이 질문에서 탄생했어요.
'만약에…라면 어떨까?'
라는 질문은 우리를
이끌어준 안내자예요.

앞으로 우리가 살아갈
미래는 모든 것이 가능할
거예요. 다만 그 미래가
언제인지 모를 뿐이지요.

이것이 바로 아이디어의
마법이랍니다. 우리
모두가 멋진 아이디어를
떠올릴 수 있어요.

언제, 어디서, 어떻게 시작해야 할까요?

우리는 살면서 여러 가지 문제들을 만나게 됩니다. 하지만 발명을 통해 해결할 수 있어요. 여러분은 어디서든지 아이디어를 찾을 수 있답니다. 먼저 주변을 관찰하는 것부터 시작하세요.

보조 열기구를 단 열기구

냄새를 밖으로 내보내는 팬이 달린 신발

폭포수 우산

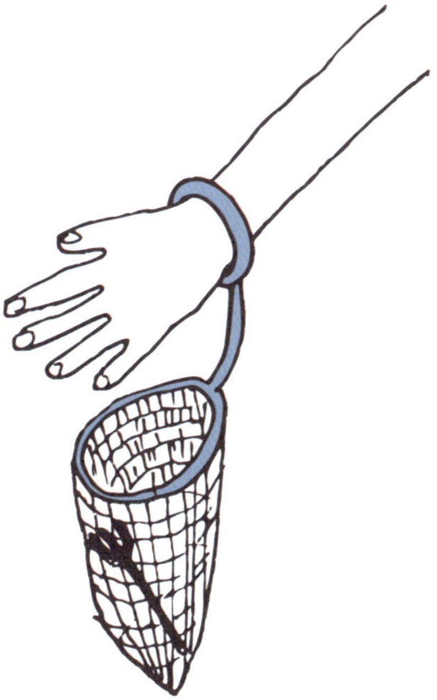

물건을
잘 잃어버리는
사람을 위한
손목 그물

구름 수집기

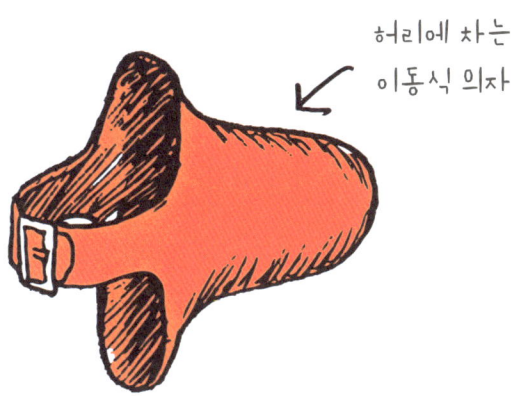

허리에 차는
이동식 의자

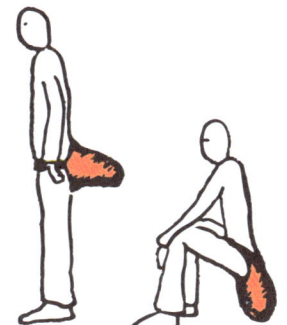

생각 주머니를 열어요!

우린 온종일
많은 생각을 해요.
큰 관심을 둘 필요가 없는
사소한 생각들이
불쑥불쑥 떠오르지요.

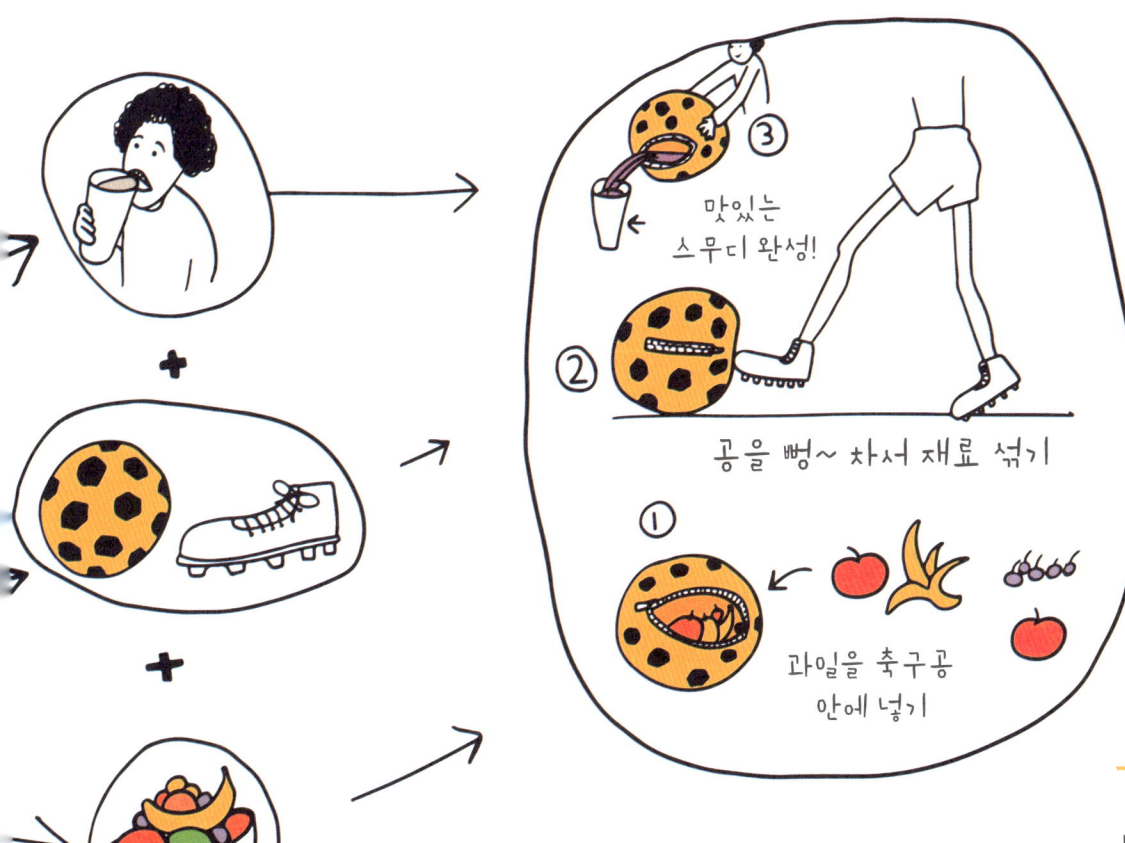

만약 이 사소한 생각들이
자랄 수 있는 시간과
공간이 충분하다면
어떤 일이 일어날까요?

**바로 아이디어가
탄생해요!**

아이디어를 구체화하는 방법!

머릿속에 떠오른
아이디어를 진짜로
만들고 싶다면
그림을 그리는 것이
그 첫 번째 단계예요.

쓰고 남은 종이나 휴지,
모래처럼 무엇이든
상관없어요.
그저 끄적거리는
것만으로도 단순한
생각이 멋진 아이디어로
발전할 수 있어요.
그림을 잘 그리지 못해도
생각을 잘 표현할 수
있다면 문제없답니다.

일급 비밀
그림 그리기,
아이디어 쓰기,
이름 짓기는 발명품을
더 쉽게 만들 수 있도록
도와줘요.

다채롭게
색칠하고 설명을
덧붙여 실감나게
표현하세요.

발명품에
기억하기 쉬운 이름을
지어 주세요.

← 고리
모자

우리의 리더

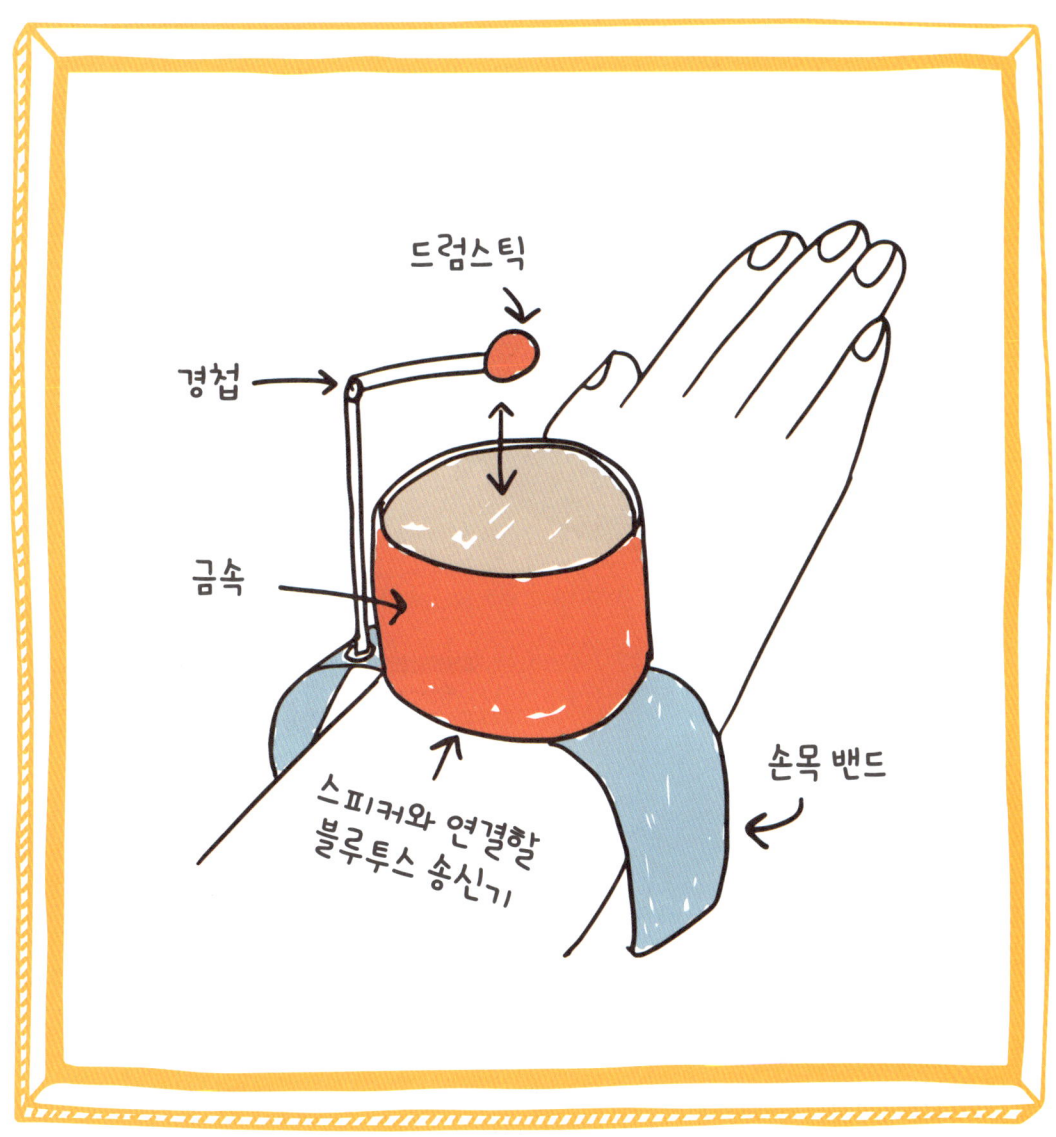

이름:
손목 드럼

발명가: 도미닉

손목 드럼은 말 그대로 손목에 차는 드럼이에요. 어디서든지 마음껏 드럼을 칠 수 있지요.

준비된 꼬마 발명가가 되기 위한 여행

이미 머릿속에 아이디어가 있을지도 몰라요. 하지만 어떻게 시작해야 할지 모를 때가 있지요.

걱정 말아요. 독특하고 멋진 아이디어를 위한 팁과 영감을 가득 담은 『어린이를 위한 첫 발명 수업』이 있으니까요.

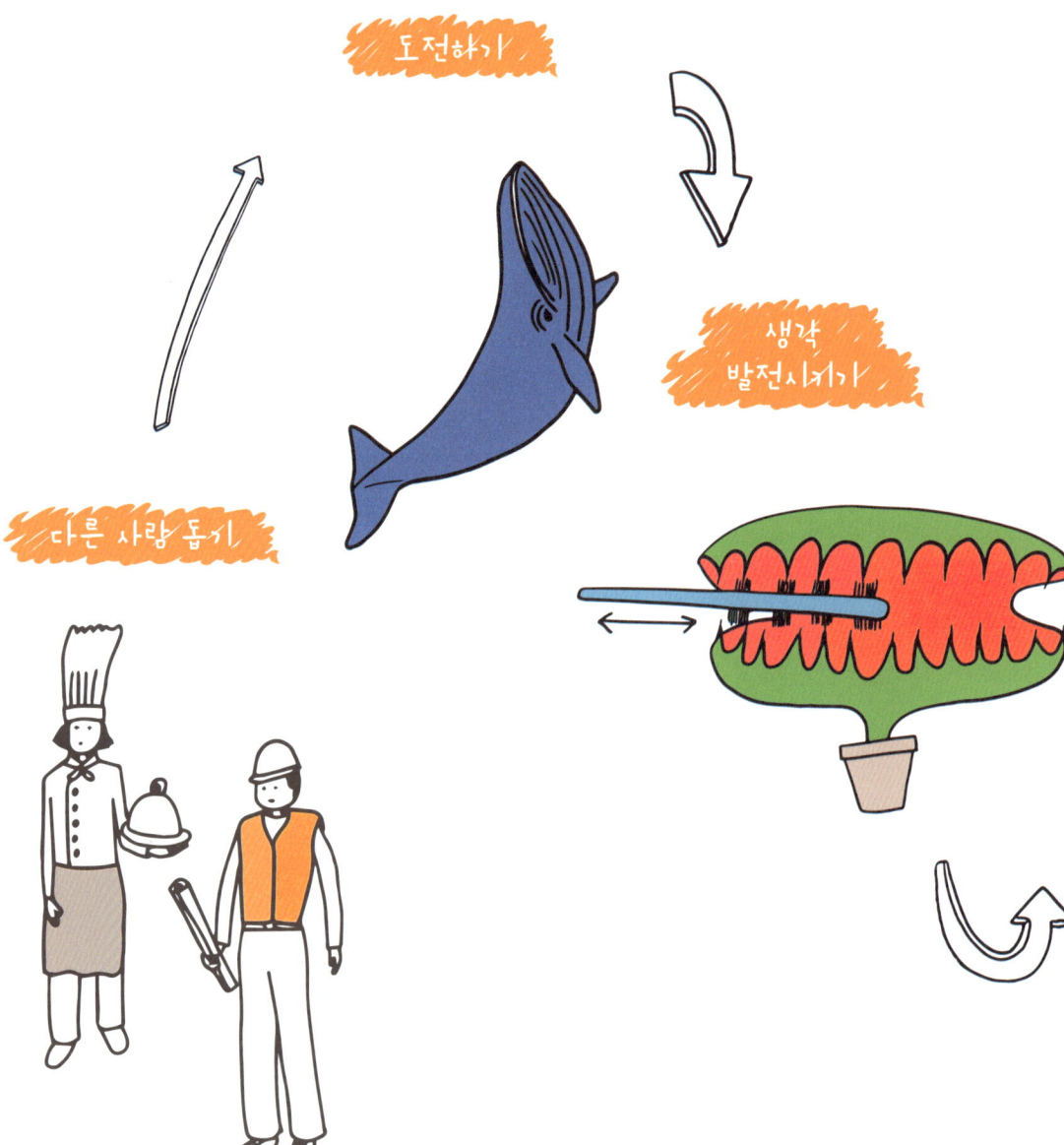

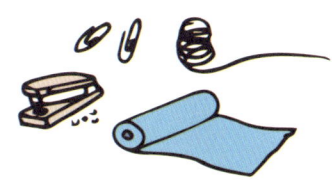

계속 떠올리고 상상하기

만약 여러분의 아이디어가 발명품으로 만들기에 부족해 보여도 걱정하지 말고 계속 떠올려 보세요. 더 많은 아이디어를 떠올릴수록 우리는 보다 나은 해결 방법을 찾을 수 있기 때문이지요.

많은 발명품이 실수나 우연에서 시작되었어요. 마치 감자칩과 불꽃놀이처럼요!

하나의 아이디어는 다른 아이디어를 떠오르게 하거나 다른 사람에게 영감을 주기도 해요. 때로는 머릿속에서 새로운 아이디어가 자리 잡을 수 있도록 돕기도 하지요.

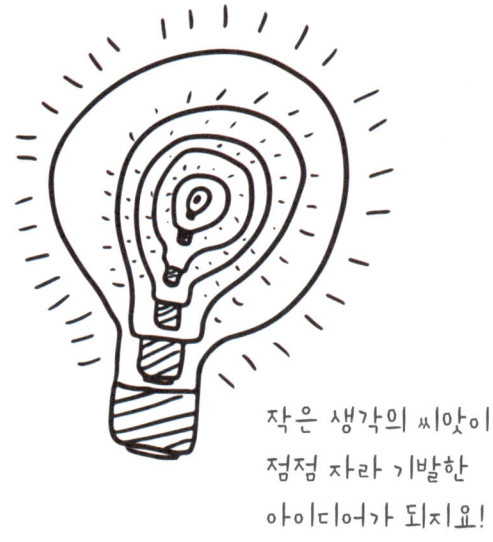

작은 생각의 씨앗이 점점 자라 기발한 아이디어가 되지요!

쑥쑥~

가볍게 시작하기

처음부터 대단한 발명을 하려고 복잡하게 생각할 필요는 없어요. 작은 문제들부터 하나씩 해결하고 도전하는 것이 훨씬 유용하답니다.

까다로운 문제를 찾았나요?
문제를 해결할 간단한 방법이 있나요?

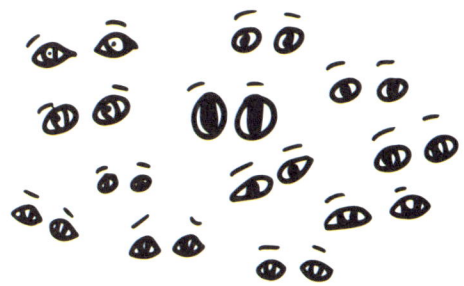

새로운 시각으로 바라보기

때로는 늘 하던 방식에서 벗어나 색다르게
생각할 필요가 있어요. 만약 문제가 생긴다면
다른 사람들은 과연 어떻게 할지 상상해 보세요.

자세히 설명하기

여러분의 발명품을 다른 사람에게 설명한다고
상상해 보세요. 어떻게 설명할 수 있을까요?

누구를 위한 것인지, 무엇을 위한 것인지,
어떻게 작동하는지 하나씩 정리하면 발명품을
소개하는 일이 어렵지 않을 거예요.

이렇게 차근차근 생각하는 방법은 앞으로 더 나은
발명을 하는 데 도움이 된답니다.

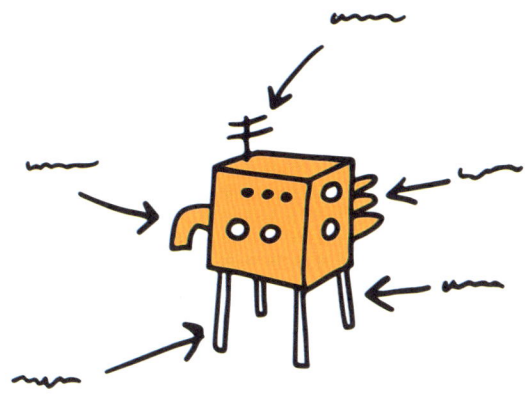

별난 상상을 멈추지 않기

어쩌면 살짝 정상이 아니거나 불가능해 보일지도 몰라요.
달로 떠나는 것도 마찬가지였답니다.
겁내지 말고 계속 상상하세요.
어떤 결과가 나올지
누가 알겠어요?

때로는 하나의 아이디어가
상상력을 자극하는 또 다른
아이디어로 이어지기도 해요.

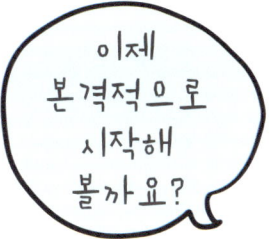

이제 본격적으로 시작해 볼까요?

3장

버스 기사부터 유령, 아기까지

다른 사람을 돕는 발명

발명품이
필요한 사람은
누구일까요?

우리 모두입니다!

가진 것이 거의 없었던
최초의 인류를 생각해 보세요.
그리고 우리 주변을 살펴보세요.

과연 누가 **의자**나 **포크**,
신발을 생각해 냈을까요?
우리 주변에 있는 모든 것들은
언젠간 만들어져야만 했던
것들이랍니다.

목도리콥터~

무언가 발명하는 것은
우리 인류(그리고 몇몇 동물들도요.)의
자연스러운 활동 중 하나예요.
발명을 통해 우리는 환경에
적응하는 법을 배우고, 살면서 만나는
문제를 해결할 수 있지요.

 한번 상상해 봐요

안녕? 나는 이비예요.

 아직 1살이지요.

 아기예요.

 그네 타는 건 아주 좋아하지만

 버스 타는 건 정말 싫어해요.

 어떻게 도울까?

그네가 달린 버스!

그네를 유리로 둘러싸 마음껏 바깥 구경을 할 수 있어요!

이히히~ 그레이님 나가신다~

 403살이고,

 보다시피 유령이야.

 사람들 놀래키는 걸 좋아해.

 하지만 더러워지는 건 참을 수 없다고!

어떻게 도울까?

깨끗하게 닦고
빠르게 말려드립니다!

여러분은 누구를 도울 수 있나요?

가족이나 **친구**, 아니면 **자기 자신**을 도울 수도 있어요.

우주비행사나 **발레리나**, **제화공**, **선생님**이나 **할머니**, 심지어 **동물**을 도울 수 있을지도 몰라요.

일급 비밀

발명을 시작하기 전에, 돕고 싶은 사람이 무엇을 하며 하루를 보내는지 관찰하세요.

거꾸로 헤드폰

우리의 리더

그리고 도와주고 싶은 사람들이 **무엇을 좋아하고 싫어하는지** 살펴보세요. 그들이 **지루해하거나 문제라고 생각하는 것들**도요.

주변 사람들을 잘 살펴보면 그들을 도울 방법을 더 쉽게 찾을 수 있답니다.

프로필 만들기

발명품이 필요한 사람을 그리세요.

이름

나이

직업

취미

좋아하는 것

싫어하는 것

양식이 더 필요하다면 홈페이지에서 다운로드 받으세요.
littleinventors.org/books

아이디어 노트

이제 나만의 아이디어를 떠올려 볼까요?

우리의 아이디어는 누군가의
어려움을 해결해 주거나 조금 더
편하게 살 수 있도록 도울 수 있어요.
어쩌면 아주 재미있거나
독특하거나 이상할지도 몰라요.
하지만 걱정하지 마세요.
여러분은 꼬마 발명가니까요.

발명품에 멋진 이름을
지어 주는 것도 잊어버리면
안 돼요! 물론 어떻게
작동하는지도 적어야겠지요?

 발명품이 어떻게 도움이 되나요?

 어떻게 작동하나요?

양식이 더 필요하다면 홈페이지에서 다운로드 받으세요.
littleinventors.org/books

나의 발명품

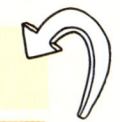

발명품의
이름을
쓰세요.

크고 다채롭게 그리고 설명을 덧붙여 주세요.

정말 잘했어요!

드디어 첫 발명품을 만들 아이디어를 떠올렸어요!

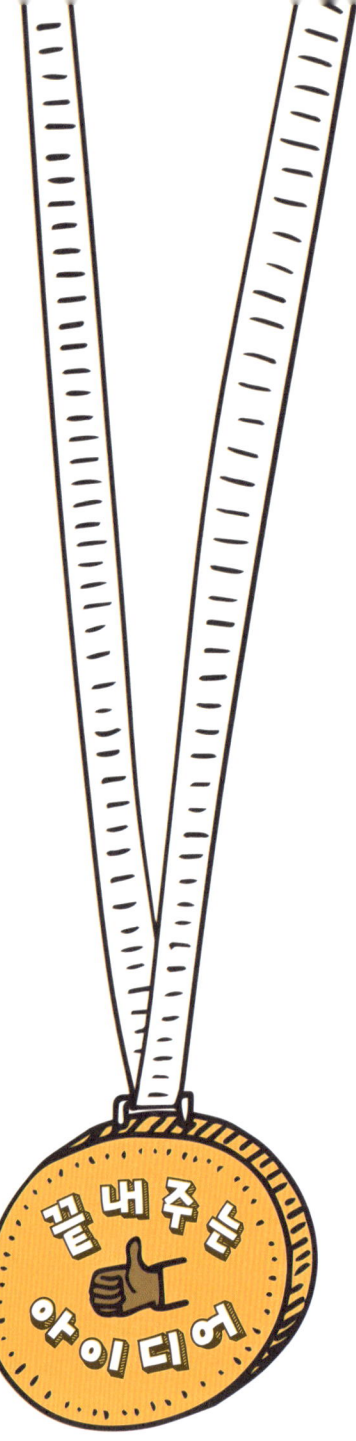

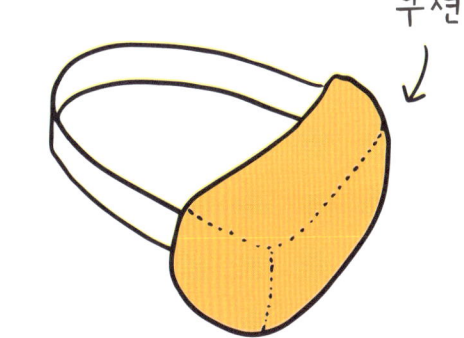

쿠션

우리가 꼭 기억해야 할 한 가지는 바로 **발명이 누군가를 도울 수 있다는** 거예요.

다른 사람들이
살아가는 데 불편하거나
어려운 점을
이해한다는 것은
그들을 도울 방법을
잘 찾고 있다는 뜻이에요.

발명하는 방법은
아주 다양해요.
하지만 가장 중요한 것은
'어떻게 하면 문제를
해결할 수 있을까?'
라고 끊임없이 질문하는
거예요.

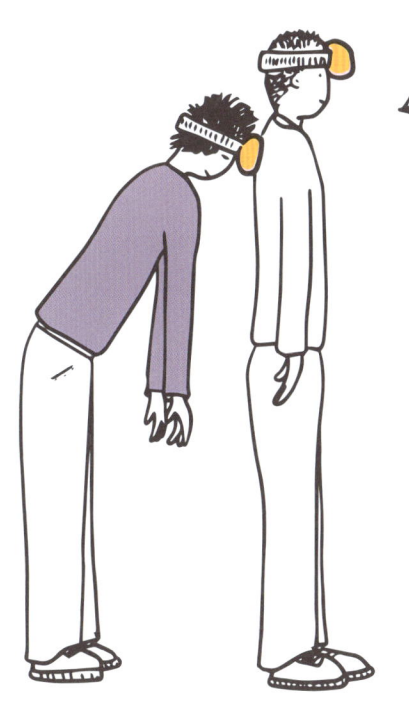

앞사람의 등에
기대어 잘 수 있는
머리받이

꼬마 발명가의 생각 엿보기

무당벌레 우산

소피아, 5세
영국, 선덜랜드

진짜가 된 아이디어!

소피아는 무당벌레 우산을 만들기 위해 영국국립유리센터*에서 유리 공예가 노먼씨를 만났어요.

소피아는 무당벌레에게 젖은 몸을 말릴 장소가 필요하겠다는 생각에서 아이디어를 떠올렸답니다.

소피아에게

"젖은 무당벌레를 보살펴준다니 정말 멋진 아이디어군요. 마음씨도 아주 예뻐요. 잘했어요, 소피아!"

* 영국국립유리센터(National Glass Centre)는 선덜랜드에 있는 유리 전문 박물관이에요.

4장

기후 변화, 환경 오염, 놀이터에서도

도전거리를 찾아요!

도전을 즐겨요!

사실 갑자기 아이디어를 떠올리는 건 어려워요. 그럴 때는 호기심을 가지고 관심을 끄는 것들을 찾아보세요. 아이디어는 그 안에 있답니다.

수 세기 동안 놀라운 발명품들이 탄생했지만 여전히 해결해야 할 크고 작은 문제들이 남아 있어요. 우리는 어떻게 하면 우리 삶을 어렵게 하거나 따분하게 만드는 것들을 해결할 수 있을지 끊임없이 고민해야 한답니다.

이제 탐험가의 자세로,
우리 주변과 전 세계에
널린 도전 과제들을 함께
고민할 시간입니다.
시작할까요?

주제를 정해요!

세상에는 도전할만한
문제들이 정말 많아요.
어떤 것은 중요하고
심각하지만, 어떤 것은
가볍고 재미있지요.
이 문제들의 공통점이
무엇인지 아나요?
바로 창의적인 사고방식과
호기심이 꼭 필요하다는
거예요.

**어떤 주제가 발명의 꿈을
꿈틀거리게 하나요?**
책에 나온 주제가
아니어도 좋아요.
여러분이 관심을 가지고
변화시키고 싶은 주제를
찾아보세요.

바다

우주

음식

동물

놀이

여행

건강

즐길거리

날씨

웨어러블 기기*

도시

환경

에너지

어떤 주제로 정했나요?

* 웨어러블 기기(Wearable device)는 옷, 시계, 안경, 신발처럼 입거나 몸에 부착할 수 있는 컴퓨터예요.

생각을 확장해 나가요!

하나의 큰 주제에서 시작하는 것은 창의적인 생각을 하는 데 도움이 됩니다. 주제와 관련된 단어들을 떠올리고 해결책이 필요한 문제들을 곰곰이 생각하는 것은 상상력을 자극하지요.

바다를 예로 들어볼까요? 오른쪽 그림은 바다를 생각하며 떠오른 아이디어들을 자유롭게 적은 거예요. 이 방법은 새로운 시각으로 문제를 바라보고 접근할 수 있도록 도와준답니다.

다양한 아이디어를 연결하다 보면
새로운 길을 발견할지도 몰라요.
예를 들면 이런 아이디어가
탄생할 수도 있지요.

물을 무서워하는
사람을 위한
부푸는 수영복

플라스틱을 수거하는
고래 모양 크루즈선

- 자신 있게 수영하고 싶다.
- 누구나 수영복을 입는다.
- 가라앉지 않으면 안전하다.

- 플라스틱을 수거해야 한다.
- 고래는 먹이를 걸러서 먹는다.
- 크루즈선은 바다를 떠 다닌다.

도전할 과제는 무엇인가요?

이제 생각의 톱니바퀴를
굴려 볼까요?

먼저 여러분이 생각한
주제를 종이 가운데 적고,
관련된 문제들을 생각할 때
떠오르는 단어들을
자유롭게 덧붙여 나가세요.

> **일급 비밀**
> 생각에는 정답이 없어요.
> 그저 떠오르는 대로
> 자유롭게 적어보세요.

이때 머릿속에 떠오르는
어떤 것이든 색깔과 모양,
그림을 이용해서 나타내
보세요. 마치 **생각의 지도
(mind map)**를 그리듯이
아이디어를 이미지로
표현하는 것이지요.

이러한 마인드맵은
여러 생각을 자유롭게
연결하고 다양한
방향으로 확장하는
유용한 도구에요.
우리가 더 큰 그림을
볼 수 있도록 해 주어,
보다 나은 방법을 찾고
선택하도록 도와주지요.

← 프로펠러 모자
우리의 리더

마인드맵

발명품 그리기

선택한 주제와 해결할 과제,
재미있는 아이디어들이 담긴
마인드맵을 완성했으니
발명가 모드로 돌입해
봅시다!

마인드맵을 토대로
문제를 해결하거나,
재미있는 물건을 만들거나,
삶의 방식을 바꿀 만한
아이디어를 생각해 보세요.

여러분이 선택한 도전 과제는 무엇인가요?

영감을 준 중요 단어들은 무엇인가요?

발명품에서 흥미로운 점은 무엇인가요?

littleinventors.org/books에
여러분의 아이디어를 공유해 진짜
발명품이 될 기회를 잡으세요!

나의 발명품

발명품의 이름을 쓰세요.

크고 다채롭게 그리고 설명을 덧붙여 주세요.

아주 잘했어요!

드디어 첫 번째 도전을 시작했어요!

나를 둘러싼 세상을 향해 눈을 뜨면,
세상을 더 나은 곳으로 만들기 위한 여러 생각이
마구 떠오를 거예요.

그러니 어떠한 주제에 대해
생각할 때에는 반드시 기록을 하는 것이 좋아요.
마음껏 상상하고 자유롭게 생각하면서
떠오르는 아이디어를 모조리 적고,
이것이 여러분을 이끄는 대로 따라가세요.

답은 어쩌면 전혀 예상치 못한 곳에 있을지도 몰라요.
두근거리지 않나요?

꼬마 발명가의 생각 엿보기
오염 방지 재킷

그루프, 6세

주제: 자동차 공해

"이 재킷은 자동차 매연을 피하고 싶은 사람과 저처럼 천식이 있는 사람을 위한 거예요.

재킷을 입으면 자동차 매연을 막을 수 있어요. 방수 원단인 폴리에스테르로 만들었고 얼굴 부분에 오염 방지 필터가 있어서 필터를 통해 앞을 볼 수 있지요.

팔 부분은 빛을 반사해서 어두울 때에도 사람들이 쉽게 알아볼 수 있어요."

진짜가 된 아이디어!

그루프의 아이디어는 텍스타일 디자이너인 바얼리 매시와 함께 했어요.

먼저 바얼리는 재킷과 바지를 만들어 런던에 있는 제작 연구소* 소장인 조 러플린에게 보냈어요. 그녀는 재킷에 이산화타이타늄을 뿌려서 그루프의 재킷을 완성했어요. 이산화타이타늄은 대기 중의 오염 물질을 분해하는 물질로 알려져 있답니다.

그루프에게

"무엇이든 오염이 되면 까맣게 변해버리지요. 오염을 걸러내기 위해 밝은 색 옷을 선택한 것은 정말 멋진 아이디어라 생각해요!"

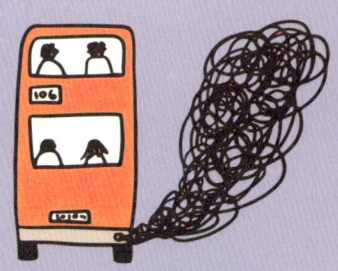

여러분의 발명품이 세상을 어떻게 변화시킬 수 있는지 상상할 수 있나요?

* 런던 대학에 있는 제작 연구소(The Institute of Making)는 여러 분야에 관심이 많은 사람들이 모여 다양한 재료를 연구하고 다양한 제작 활동을 하는 곳이에요.

5장

생각에 날개를 달아

평범함에 특별함 더하기

자전거에서부터 전화기까지

우리는 청소기나 전구처럼
매일 사용하는 물건들을
아주 당연하게 여겨요.

하지만 우리 주변의
물건들이 처음부터
있었던 건 아니에요.
모두 누군가가 작은
문제를 해결하기 위해
만든 것들이랍니다.
그 후 오랜 시간에 걸쳐
더 효율적으로 바뀌거나
새로운 기술이 추가되는
등 발전해 왔지요.

**발명을 시작하는
가장 좋은 방법은
지금, 여기 있는 것들을
더 낫게 바꾸거나
새로운 사용법을
상상하는 거예요.**

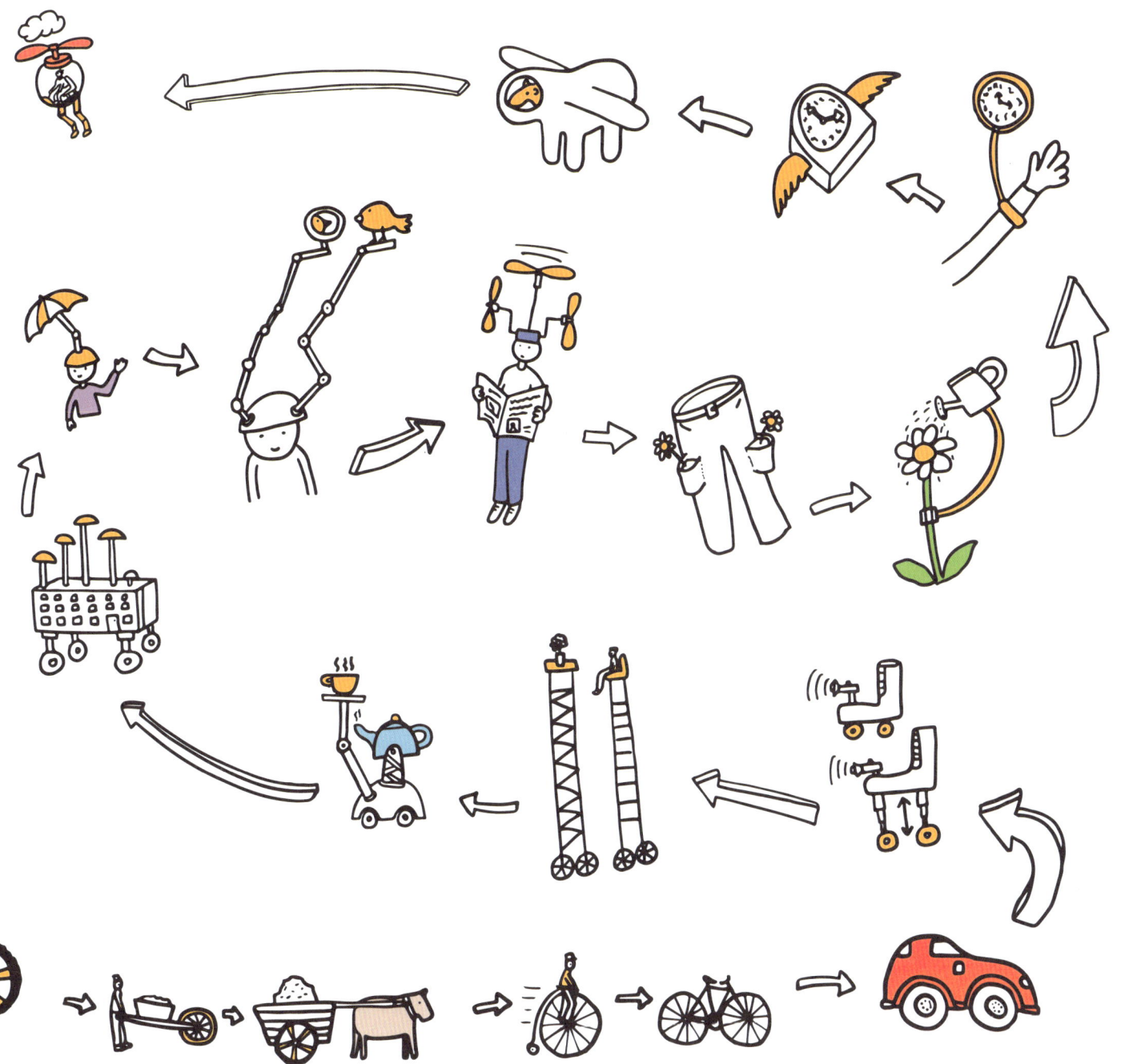

새롭게 재창조하기!

재창조하기는 도미닉이 가장 좋아하는 발명 방식이에요. 우리가 자주 사용하는 물건에서 재미를 찾고 그 물건을 새롭게 사용하는 방법을 잔뜩 생각할 수 있기 때문이지요.

실생활에서 한 번도 함께 사용해 보지 않은 물건 두 개를 합치면 어떻게 될지 상상해 보세요. 재창조하기는 이렇게 쉽고 간단한 방법이랍니다.

여러분도 한번 해 보세요!

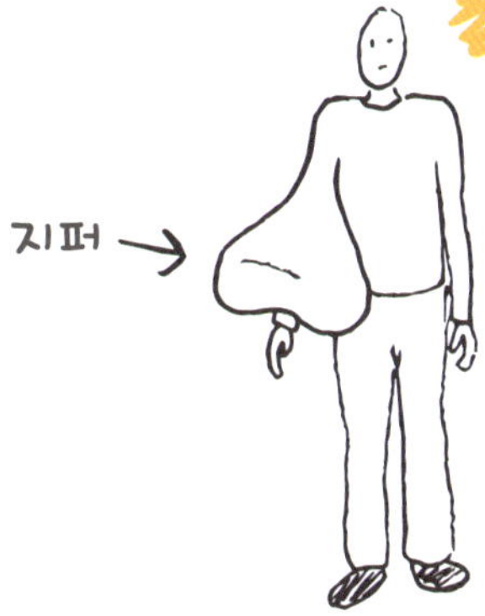

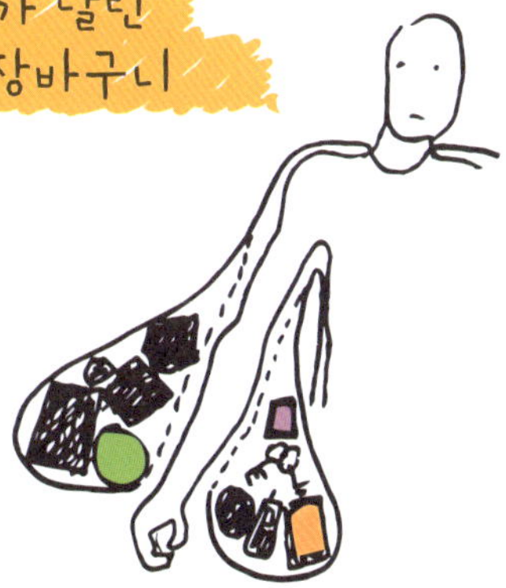

지퍼가 달린
소매 장바구니

지퍼 →

커다란 책으로 만든 문

달콤한 축구화
스터드

간식을 숨길 수 있는
공간이 있지요

미끄럼틀 의자

일급 비밀

생각을 바꿔 새롭게 재창조하려면
한 물건에 대해 깊이 생각하고
모든 특징을 살펴야 해요. 그래야
그 물건을 특별하게 만들 수 있는
방법을 알아낼 수 있어요.

조사 중

이제 여러분은 탐정입니다!

여러분의 임무는 주변에 있는 물건에 대해 가능한 많은 정보를 얻는 것이에요.

예를 들어, 조사 대상을 칫솔로 정하고, 칫솔에 대해 다음과 같은 질문을 해보는 거예요.

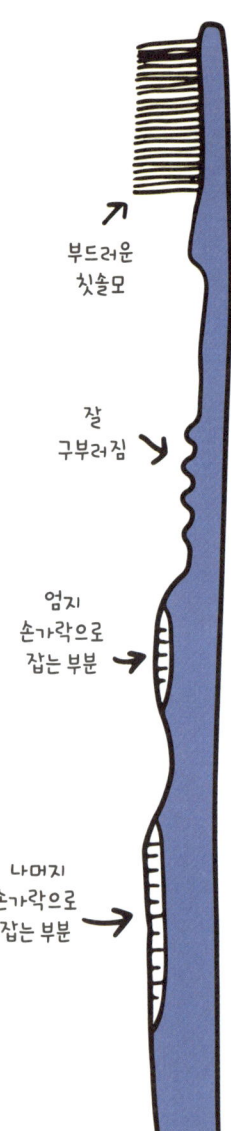

부드러운 칫솔모

잘 구부러짐

엄지 손가락으로 잡는 부분

나머지 손가락으로 잡는 부분

누가 사용할 수 있나요?

이빨을 가진 누군가 (인간, 토끼, 파리지옥 등)

용도가 무엇인가요?

치아와 잇몸에서 음식물 찌꺼기를 제거하고 건강하게 유지하도록 도와주는 물건이에요.

주요 특징은 무엇이고 왜 이런 모양인가요?

- 손잡이는 칫솔을 잘 잡도록 해줘요.
- 어금니까지 닦을 수 있게 알맞은 길이에요.
- 칫솔모가 부드러워서 아프지 않아요.

비슷한 역할을 하는 다른 물건이 있나요?

청소용 솔, 빗자루, 페인트 붓, 치약, 틀니 등

다른 용도로도 사용할 수 있나요?

작은 것을 털거나 손이 닿기 어려운 곳을 닦을 수 있어요.

칫솔과 관련이 없는 다른 물건에는 무엇이 있나요?

모자, 프라이팬, 바이올린, 스탠드, 우산 등

파리지옥 칫솔

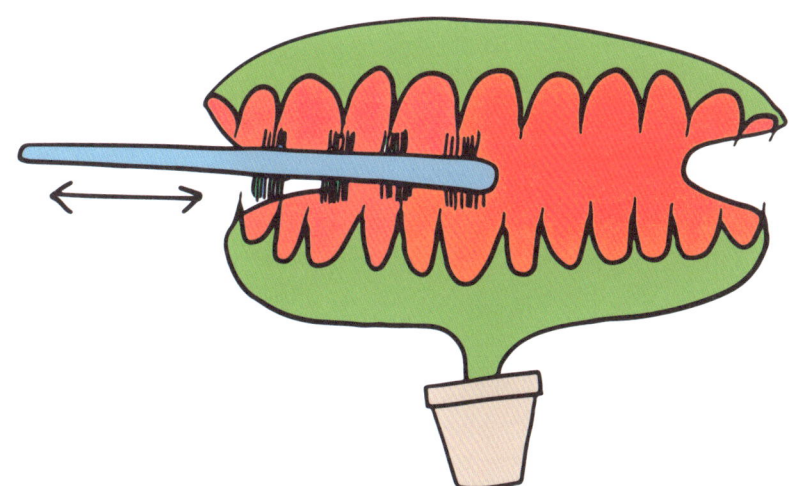

 햄스터 간지럼 장치

 칫솔 달린
바이올린 활

 칫솔 달린
우산

 칫솔 달린
프라이팬

사건 수첩

주변에서 쉽게 볼 수 있는 물건을 그리고 물건의 특징을 드러낼 수 있는 **단서가 무엇인지 조사하세요.**

누가 사용할 수 있나요?

용도가 무엇인가요?

주요 기능은 무엇이고 왜 이런 모양인가요?

-
-
-

비슷한 역할을 하는 다른 물건이 있나요?

다른 용도로도 사용할 수 있나요?

관련이 없는 다른 물건에는 무엇이 있나요?

사건 수첩이 더 필요하다면 홈페이지에서 다운로드 받을 수 있어요.
littleinventors.org/books

조사한 내용을
바탕으로
물건을 더 멋지게
바꾸어 보세요.

어떤 부품이나
용도를 추가하거나
다른 형태로 만들어
보는 건 어떨까요?

새로운 특징

**다른 물건에서 영감을 얻을 수도 있고
함께 발명에 사용할 수도 있어요.**

다른 물건은 무엇인가요?

어떻게 결합할 수 있나요?

결합했을 때 왜 더 재미있거나 신기하거나
나은 물건이 되나요?

단서 종합하기

여러분은 주변 물건이
어떠한 용도로 만들어졌고,
특징이 무엇인지
조사했어요.
또 새롭게 바꿀 수 있는
방법에 대해 고민했지요.
이제 여러분만의
특별한 발명품을 구상해
볼 시간이에요.

앞에서 조사한 물건으로
발명을 할 수도 있고
완전히 새로운 것으로
발명할 수도 있어요.
모든 것은 꼬마 발명가인
여러분 손에 달려 있어요.

 여러분이 바꿀 물건은 무엇인가요?

 어떤 점을 더 좋게 바꿀 수 있을까요?

 새로운 발명품을 누가 사용하고 왜 좋아할까요?

littleinventors.org/books에 여러분의 아이디어를 공유해
진짜 발명품이 될 기회를 잡으세요!

나의 발명품

발명품의
이름을
쓰세요.

크고 다채롭게 그리고 설명을 덧붙여 주세요.

우와!

한 걸음씩 나아가고 있군요!

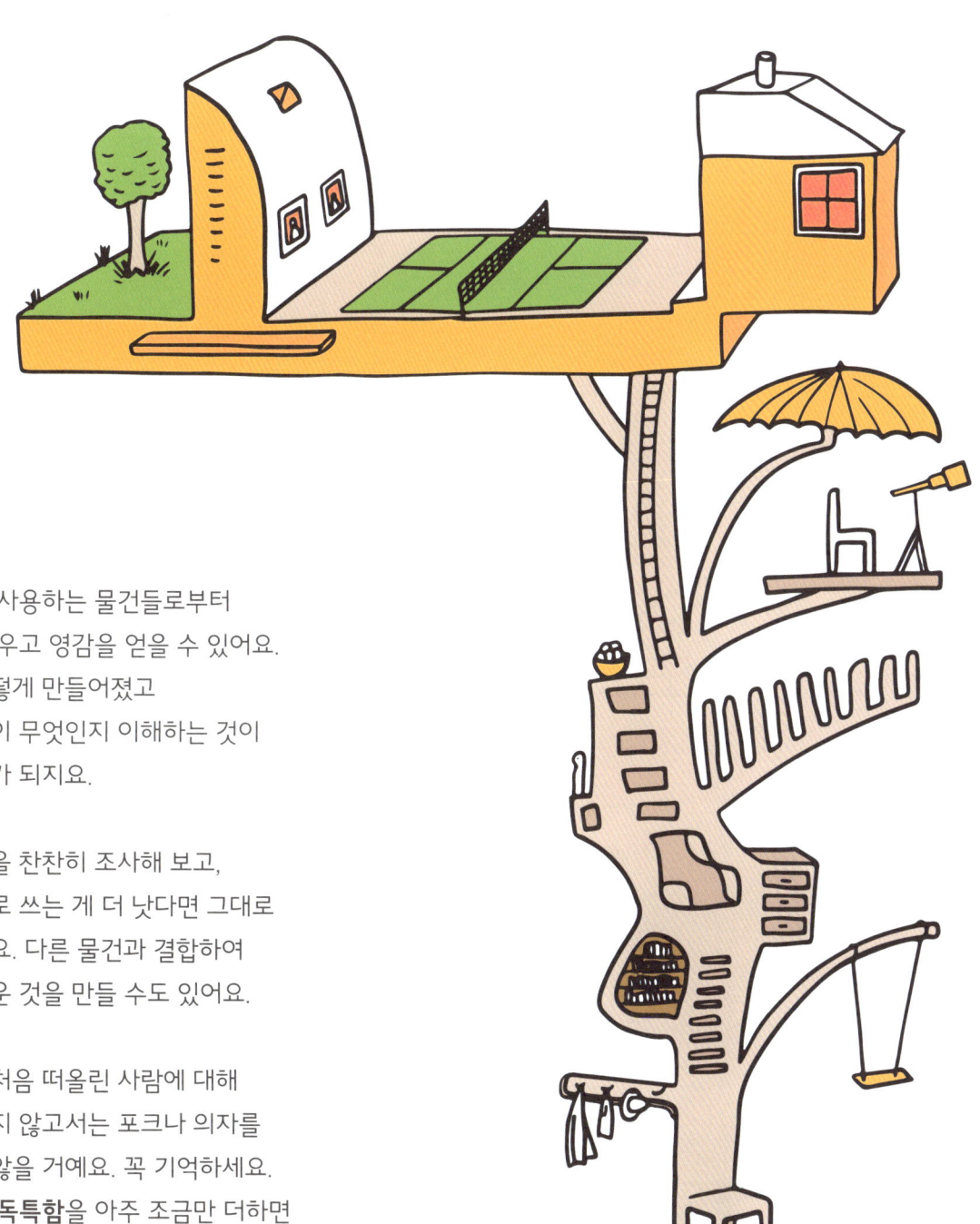

우리는 평소 사용하는 물건들로부터
많은 것을 배우고 영감을 얻을 수 있어요.
물건들이 어떻게 만들어졌고
목적과 특징이 무엇인지 이해하는 것이
발명의 열쇠가 되지요.

주변의 물건을 찬찬히 조사해 보고,
원래 쓰임대로 쓰는 게 더 낫다면 그대로
두어도 좋아요. 다른 물건과 결합하여
완전히 새로운 것을 만들 수도 있어요.

아이디어를 처음 떠올린 사람에 대해
궁금증을 갖지 않고서는 포크나 의자를
관찰하지는 않을 거예요. 꼭 기억하세요.
평범한 것에 **독특함**을 아주 조금만 더하면
특별한 것이 된답니다!

꼬마 발명가의 생각 엿보기

패밀리 킥보드

웬디에게

"킥보드를 혼자서만 타고 놀란 법이 있나요? 온 가족이 패밀리 킥보드를 타고 가까운 마트에 다녀와도 재미있을 거예요."

웬디, 9세
영국, 선덜랜드

"내 발명품은 패밀리 킥보드예요. 킥보드를 탄 온 가족이 함께 발로 밀면서 타야 해요. 대가족에게 딱 좋을 것 같아요."

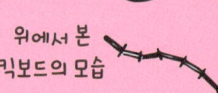

위에서 본 킥보드의 모습

진짜가 된 아이디어!

선덜랜드 대학교 공학과 교수인 로저 오브라이언이 웬디의 발명품을 만드는 데 도움을 주었어요.

"패밀리 킥보드는 선덜랜드 대학의 AMAP* 팀 학생들이 즐겁게 참여할 수 있는 멋진 아이디어였어요.

단순하지만 재미있고 아주 훌륭했지요!

웬디가 그린 스케치는 명확했고 만드는 데 필요한 정보가 충분했습니다. 우리는 연구소에서 웬디와 함께 패밀리 킥보드를 완성할 수 있었죠."

* AMAP(Automotive&Manufacturing Advanced Practice)는 선덜랜드 대학교 공과대학에 소속된 연구 그룹으로 자동차와 제조에 관해 연구하고 있어요.

6장

별나고 익살스럽고 엉뚱한

진짜 괴짜가 되어 봐!

엉뚱한 생각의 힘!

재미있는 생각이 자꾸만 머릿속을 간지럽힐 때, 우리는 가슴이 두근거리는 걸 느낄 수 있어요.

그 특별한 두근거림은 새로운 아이디어의 씨앗이에요. 조금 엉뚱해 보여도 잘 자랄 수 있도록 도와주어야 해요.

새로운 아이디어를 떠올리는 일이 발명의 시작이에요. 규칙을 깨고 원칙을 뒤집는 것을 두려워하지 않아야 하지요. 그래야 획기적인 발명품이 탄생할 수 있어요.

떨어지는 나뭇잎 미끄럼틀

먼저 예상하거나 판단하지 말고 엉뚱한 생각들이 자유롭게 뻗어 나가도록 할 때 발명가에 한 걸음 더 가까워질 수 있어요. 멋진 아이디어들이 어디로 이어질지는 아무도 몰라요. 만약 이 생각들이 여러분을 계속 두근거리게 한다면 이미 발명은 시작된 거예요.

세상 어떤 사람도 완전히 똑같은 상상을 할 수는 없어요. 또 여러분과 똑같은 생각을 할 수도 없지요. 그러니 여러분의 엉뚱하고 별난 생각을 따라 발명의 세계로 떠나 보세요.

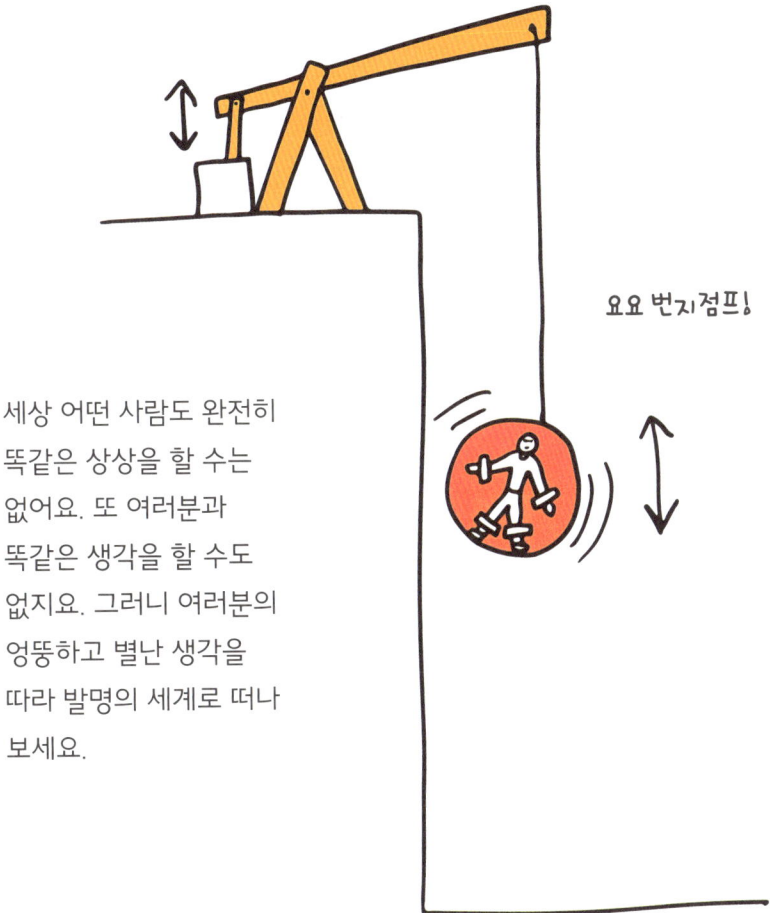

요요 번지점프!

상상에는
한계가 없으니까!

틀에 박힌 사고방식에서
벗어나는 가장 좋은
방법은 무엇일까요?
바로 생각이 흘러가는대로
따라가 보는 거예요.
상상의 세계로 떠나는
거죠!

도미닉은 이 방법으로
자주 유쾌한 아이디어를
떠올려요.

짭짤한 손가락 사탕

앞으로 걷지만 뒤로 가는 기계

샌드위치 크레인

헤어 드라이어

희한하고 독특한 아이디어는 사람들을 즐겁고 행복하게 만들어요. 행복한 감정은 많은 이들을 풍요롭게 해주지요.

새로운 아이디어는
엉뚱한 상상력에서
태어나요!

상상에 날개를 달아 줄
몇 가지 방법을
알려줄게요.

Bold
용감해지기

용감하고 대담하게
생각하세요. 다른 사람이
어떻게 생각하는지는
중요하지 않아요.
부끄러워할 필요도
없어요. 지금 여러분은
아무도 가보지 못한
곳으로 가고 있으니까요.

Opposites
서로 다른 것 찾기

서로 관련이 없는
두 가지를 결합하면
아주 놀라운 결과가
나올 수 있어요.
늘 하던 사고방식에서
벗어날 수도 있지요.

아니라고 말하기

마음속에 부정적인
생각들을 단호하게
거부하세요.

여러 규칙들, 해야 할
일과 하지 말아야 할 일,
가능한 일과 불가능한 일
따위는 모두 잊으세요.
모든 아이디어에
가능성의 날개를
달아 줄 시간입니다!

No!

* BONKERS는 완전히 제정신이 아니라는 뜻이에요.

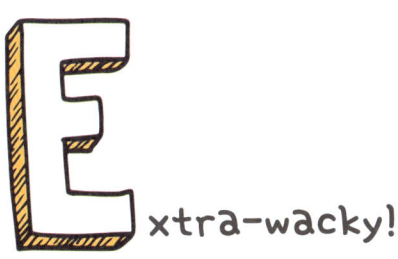

완전히 엉뚱해지기

여러분이 꽃게나
나무, 빵조각이라면
세상이 어떻게 보일까요?

모습이 바뀐 나의
특별한 점은 무엇일까요?
그 특별함으로 무엇을
할 수 있을까요?

만약 여러분이
자전거라면 가장
원하는 게 무엇일까요?

늘이거나 줄이기

차이가 크게 나는 경우를
생각해보세요. 무언가가
매우 크거나 작거나,
매우 길거나, 매우
부드럽거나, 한 개가 아닌
천 개가 있다면 어떨까요?

새롭게 보기

여러 각도로 사물과
현상을 바라보세요.
모양과 느낌은 어떤지
세세히 살펴보고,
완전히 새로운
시각으로 바라보면
예상치 못했던 것을
발견할 수 있을 거예요.

무작위로 늘어놓기

단어들을 마구잡이로
떠올리는 것은 머릿속에
이미 저장되어 있는
정보를 자극해요.
아무 단어나 고른 뒤
뒤이어 어떤 단어가
떠오르는지 한번 보세요.

여러분의 능력을
보여 주세요!

무작위 단어 연결 게임

음식

동물

장소

사물

색깔

활동

주제별로 가장 먼저
머릿속에 떠오르는 단어를
적으세요.

한 번에 재빨리 적으세요.
안 그러면 너무 많은
생각이 떠오를지도
몰라요!

모든 단어를 연결해 이야기를 만드세요.

생각을 점프 업!

가장 먼저 생각난 단어를 첫 번째 잎에 적으세요.
그다음 떠오른 단어를
다음 잎에 적으세요.
처음 나온 단어와는 전혀
다른 것들이 나올지 몰라요.

다시 한번 말하지만,
많이 생각하지 마세요.
그저 여러분의 생각이
개구리처럼 폴짝 건너뛰게
두면 된답니다!

마지막으로 나온 단어는 무엇인가요?

있는 힘껏 엉뚱해지기

무작위로 생각하는 연습을
했으니 이제 본격적으로
기상천외한 발명품을
구상해 볼까요?

규칙은 없어요. 그저
여러분과 여러분의
멋진 아이디어만
있으면 되지요!

떠오르는
어떤 생각이든
여기에 그리거나
끄적여 보세요.
앞서 떠올린
단어들로 돌아가서
자유롭게 생각을
펼치세요.

littleinventors.org/books에
여러분의 아이디어를 공유해
진짜 발명품이 될 기회를 잡으세요!

나의 발명품

발명품의
이름을
쓰세요.

크고 다채롭게 그리고 설명을 덧붙여 주세요.

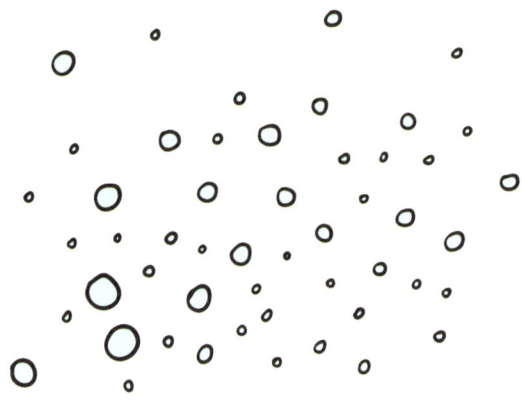

야호~!

지켜야 할 규칙이 없으니 신나지 않나요?

어쩌면 전혀 예상하지 못했던 것을 생각했을지도 몰라요.

아이디어는 예상치 못한 생각들이 팡 터져 나오는 것과 같아요. 우리의 뇌는 이렇게 조각난 생각들을 특별한 발명 아이디어로 이어주는 슈퍼컴퓨터랍니다.

아이디어는 아주 진지할 필요도, 아주 현실적일 필요도 없어요. 아이디어의 씨앗은 어디에서나 나올 수 있답니다.

때로는 머릿속에서 마구 건너뛰고 날아다니는 생각들과 단어들을 가만히 따라가 보세요. 알아서 뭉치고 흩어지면서 발전하기도 하니까요.

창의적인 생각은 규칙과 원칙을 깰 때 나와요. 그리고 어떤 생각이든 좋은 아이디어가 될 수 있어요. 우리가 아이디어 발상을 위한 연습과 두뇌 훈련을 계속하는 이유가 바로 여기에 있답니다.

진짜 별난 꼬마 발명가의 생각 엿보기

혀가 달린 온도 센서

니시아, 10세
캐나다, 토론토

"제 발명품은 혀가 달린 온도 센서예요. 모든 종류의 음료를 위한 거지요. 차가 뜨거운지 따뜻한지를 알려줍니다."

니시아에게

"차의 온도를 확인할 수 있는 센서라니, 훌륭한 아이디어에요. 이 발명품이라면 차를 마실 때 혀를 델 염려가 없겠어요. 또 차를 완벽한 온도로 데울 수 있도록 받침을 포함한 건 대단한 생각이에요. 잘했어요."

진짜가 된 아이디어!

니시아의 아이디어는 토론토의 융합인재교육 실험실의 미라 바렌드란과 카일 마이어스의 도움을 받아 멋진 발명품으로 탄생했어요.

"니시아의 발명품을 본 순간, 바로 만들어야겠다는 생각이 들었습니다. 엉뚱한 생각들이 조합되어 있고, 독특한 색 구성과 실용성까지, 완전 푹 빠져버렸어요.

니시아의 아이디어를 최대한 제대로 구현하고 싶었기 때문에 어떤 재료를 사용할지 오랫동안 고민했습니다.

우리는 잘 구부러지는 필라멘트로 만든 혀 모형을 포함해 발명품 전체를 3D 프린터로 만들기로 했어요. 우리는 서보*를 넣어 혀가 진짜 혀처럼 움직이도록 만들면 더 좋으리라 생각했지요."

일급 비밀

친구와 함께 아이디어에 대해 이야기하는 것도 발명에 큰 도움이 돼요.

* 서보(servo)는 '명령을 따르다'는 뜻으로, 기계의 위치나 속도, 자세 등을 원하는 상태로 움직이게 하는 자동 제어 장치를 뜻해요.

7장

인류를 위한 위대한 발걸음

더 멋진 미래를 위하여

미래는 어떤 모습일까요?

미래를 미리 볼 수 있는 능력은 마법 같은 일이에요. 발명가들에게 굉장히 중요한 능력이기도 하지요.

미래는 어떤 모습일까요? 과학기술은 세상을 점점 더 빠르게 변화시키고 있어요. 우리의 미래는 놀라운 것들로 가득할 거예요. 모든 것이 가능한 미래를 상상해 보세요. 이러한 미래가 곧 우리가 살아갈 현재가 된다니 설레지 않나요?

공상 과학 소설이 현실이
되어 있는 바로 그 순간,
미래는 현재가 되어
있을 것입니다. 미래에는
기계가 우리 대신
더 많은 일을 하고
우리는 훨씬 더 많은
시간을 갖게 될 거예요.
(이미 그럴지도요!)
우리는 이 시간을 어떻게
사용해야 할까요?

한편, 시간이 지나면
인구가 더 늘어날 거예요.
2050년에 이르면
100억 명이 될 거라고
말하는 사람도 있어요.
인구가 늘어나면 아마
해결해야 할 도전 과제도
많아질 거예요.

산 모양
아파트

미래를 상상해 봐요!

과학이 발전하면서
우리는 세상을 훨씬 더 잘
이해할 수 있어요.

이것은 우리가
더 많은 것을 할 수
있다는 뜻이에요.

반려동물과 대화를
나눌 수 있을지도 몰라요.

물 속에서 살거나…

높이 튀어 올라
우주까지 갈 수 있을지도
모르지요.

로봇 의사에게
진료를 받거나

높은 곳에 농장을
세우거나…

3D 프린터로
필요한 물건을 만들 수도 있어요.

생각만 해도 신이 나요!
하지만 미래에
만나게 될 문제들도
잊으면 안 돼요.

미래는 어떤 모습일까요?

미래에는 사람들이 더 건강하게 오래 살아서 **인구가 늘어날 거예요.** 하지만 지구는 지금과 같겠지요.

이 사실은 우리에게 어떤 영향을 미칠까요? 지금 우리는 5년 후, 10년 후, 20년 후에 살아갈 미래의 모습을 예측하고 준비해야 한답니다.

인구가 늘어나면 오염도 늘어나요.

쓰레기, 이산화탄소, 플라스틱과 같이 환경을 오염시키는 물질은 어떻게 줄일 수 있을까요?

스스로 전기를 공급하는 주방은 어떨까?

인구가 늘어나면 식량이 부족해질 수 있어요.

새로운 음식이나 요리법에는 어떤 것이 있을까요?

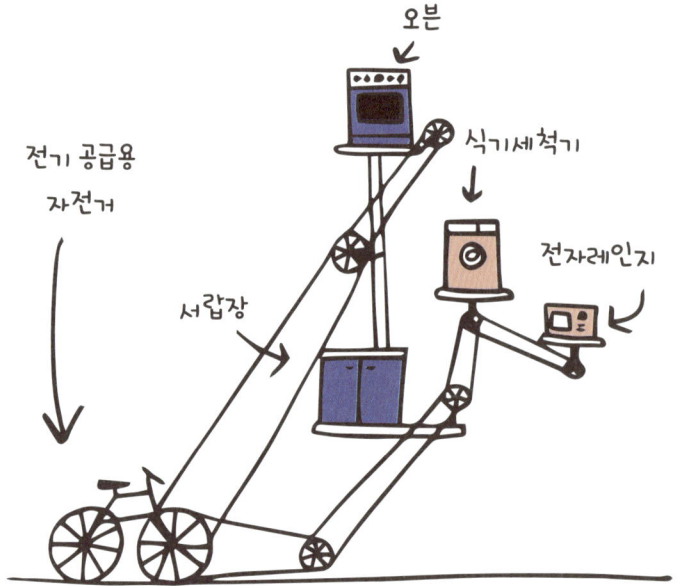

자연을
보존해야 해요.

어떻게 하면 숲과 공원 같은 녹지를 보존하고 야생 동물과 바다를 돌볼 수 있을까요?

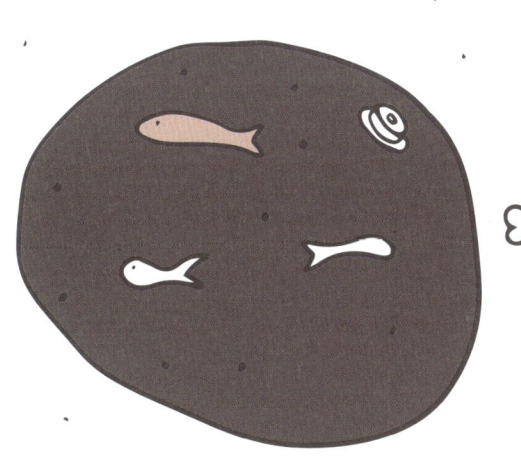

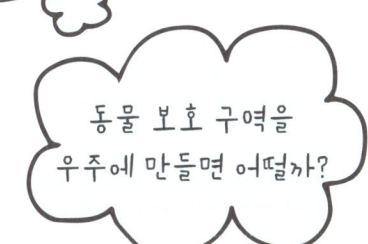

스카이 캡슐에서 살 수 있을까?

어쩌면 우리가 살기에 충분한 땅이 없을지도 몰라요.

바다나 하늘, 땅속 아니면 또 다른 행성처럼 새로운 곳에서 살아야 할지도 몰라요.

동물 보호 구역을 우주에 만들면 어떨까?

* 캐나다 우주청(Canadian Space Agency)은 우주과학 및 우주기술 분야 등을 연구하는 기관이에요.

미래의 내 모습을 상상해 봐요!

모든 인류에게 일어나는
중요한 변화는
여러분에게도 직접적인
영향을 준답니다.

지금부터 20년 후를
상상해 보세요.
어떤 삶을 살고 있나요?

미래의 내 모습을
그려 보세요.

어디에 살고 있나요?

가고 싶은 곳까지 어떻게 가나요?

무슨 일을 하고 있나요?

취미는 무엇인가요?

어렸을 때는 없었던 세 가지 물건은 무엇인가요?
집이나 가방 속에 어떤 물건들이 있는지, 어떤 옷을 입고 있는지, 일하는 방식은 어떠한지 상상해 보세요.

1

2

3

지금 여러분이 살고 있는 세상은 과거와 어떻게 다른가요?

새롭게 찾은 도전 과제에는 무엇이 있나요?

미래를 위한 발명품

**지금까지 우리는
미래를 상상했어요.**
우리가 무엇을 할 수 있고
어떤 것을 해결해야
하는지도요.
이제 여러분은 미래에
꼭 필요한 아이디어를
떠올릴 수 있을 거예요.

미래에는 어떤 일이 일어나고 있나요?

여러분이 해결하고 싶은 도전 과제는 무엇인가요?

littleinventors.org/books에 여러분의 아이디어를 공유해
진짜 발명품이 될 기회를 잡으세요!

나의 발명품

발명품의
이름을
쓰세요.

크고 다채롭게 그리고 설명을 덧붙여 주세요.

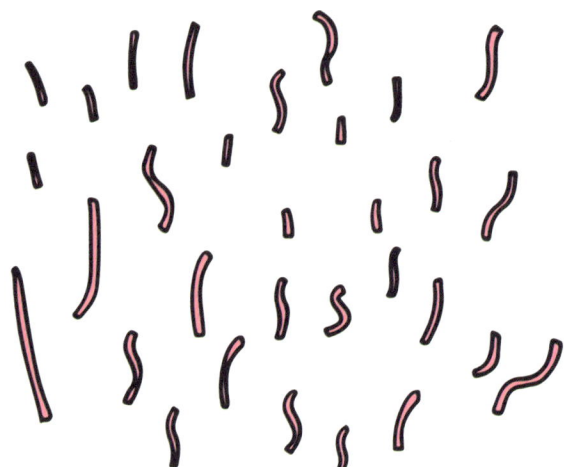  

어마어마해요!

여러분이 만날 미래에 대해 생각해 보니
어떤 느낌이 드나요?

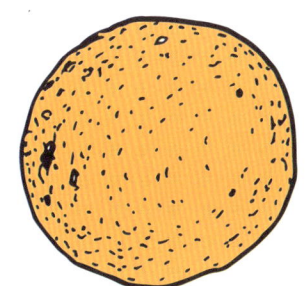

기계는 **결코 여러분의**
창의력을 대신할 수 없어요.

더 나은 내일을 위해 멋진
아이디어를 떠올릴 수 있는
창의적인 사람이 늘 필요하지요.

바로 여러분이요!

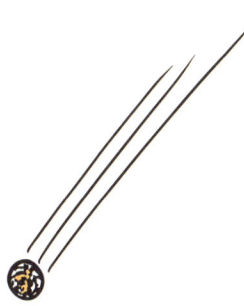

꼬마 발명가의 생각 엿보기

스마트 하우스

아드리아나, 10세

영국, 뉴캐슬어폰타인

"이 발명품에는 경사로로 변하는 계단이 있어 장애인도 어디든 쉽게 다닐 수 있어요. 스마트 하우스는 가장 안정된 형태의 삼각형으로 이루어져 있고, 태양열을 흡수하는 유리로 만들었지요."

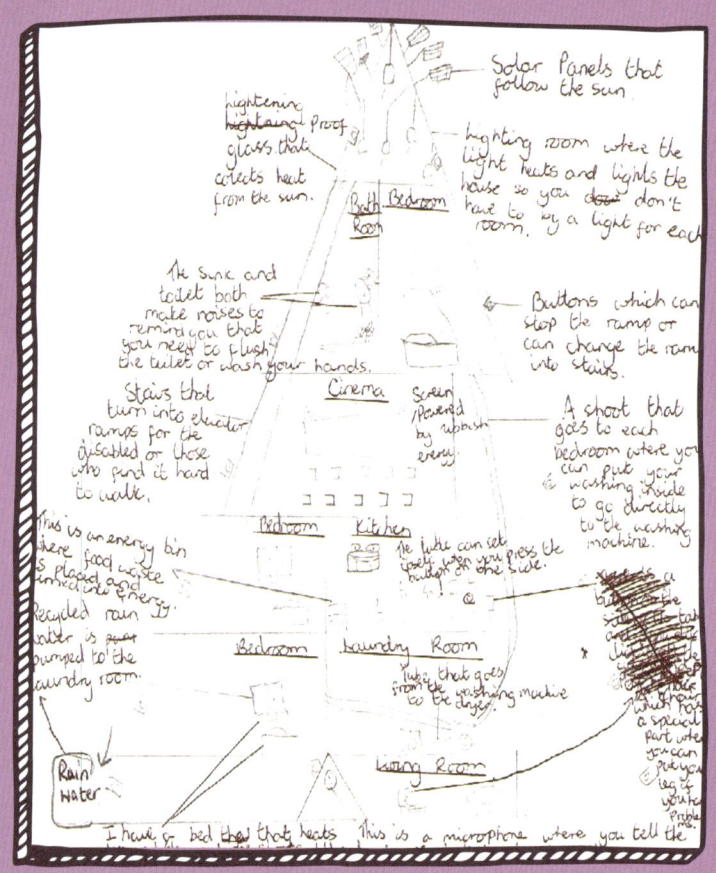

아드리아나에게

"집의 모양부터 특수 유리, 특별하게 설계된 경사로까지…. 하나의 발명품에 정말 많은 아이디어가 들어 있군요! 아드리아나의 멋진 발명품은 감동 그 자체에요!"

진짜가 된 아이디어!

아드리아나의 발명품은 영국 뉴캐슬어폰타인에 있는 포크너 브라운 건축사 사무소에서 만들었어요. 건축가 나탈리 박스터는 다음과 같이 말했지요.

포크너 브라운의 사진↗

"아드리아나가 그린 2차원 평면도를 3차원 입체물로 만드는 과정이 무척 즐거웠습니다. 아드리아나가 작은 부분까지 세심하게 신경을 쓴 게 참 인상적이었어요. 아드리아나는 빗물 모으기, 폐기물 재활용, 태양광 유리 및 물 재활용과 같은 작은 발명품을 통합해 환경친화적인 삶을 살 수 있도록 하였지요."

8장

휴지심이 망원경으로!

흔한 재료로 모형 만들기

평면에서 입체로!

설계도 그리기는 발명의 가장 첫 번째 단계랍니다. 아이디어를 생생하고 확실하게 표현하도록 해주지요. 이제 우리는 평면의 설계도를 입체로 바꿔 볼 거예요.

아이디어를 실제 발명품으로 만들기 위해서는 먼저 모형을 만들어야 해요. 이를 프로토타이핑이라고 하지요. 물론 진짜로 작동할 필요는 없어요. 우리가 만들 발명품이 실제로 어떻게 보일지 확인하는 단계거든요.

디자이너, 건축가 및 예술가 모두 모형을 만들어요. 모형을 만들기 전에는 어떤 재료가 가장 적합할지 연구하고, 제대로 된 모형을 만들기 위해 정말 많은 공을 들인답니다.

모형 제작 과정은 생각보다 재미있답니다. 이제 시작할까요?

**특별한 재료나 기술이
필요한 건 아니에요.
우리 주변에서 쉽게
얻을 수 있는 재료를
사용하면 된답니다.**
예를 들어 골판지는
구하기도 쉽고 자르거나
둥글게 말 수도 있는
훌륭한 재료예요.
또 물에 적셔 으깨고
주무르고 접어서
다양하게 만들 수 있어요.

정답은 따로 없어요.
그저 손으로 만지고
느끼면서 아이디어가
생각대로 나타나는지
확인하면 된답니다.
만약 이 방법이 아닌 것
같다면 얼마든지 바꾸고
다시 만들 수 있어요.

다양한 두께와 질감의 종이 상자나 택배 상자,
종이 접시나 종이컵은 모형 만들기에 아주 좋은 재료예요.

시리얼 상자나 계란곽,
휴지심처럼 이미 특정한
모양으로 되어 있는 것들은
여러 가지로 활용하기
좋답니다.

이것들은 여러분이 사용할 수 있는 것 중 일부예요.
멈추지 말고 **상상력**을 발휘해 또 다른 물건들을 찾아보세요.

입체적으로 생각하기

설계도를 그렸다면 발명품의 **위나 아래**, **앞이나 뒤**, **오른쪽이나 왼쪽**에서 어떻게 보일지 생각해 보세요. 발명품의 실제 모습을 상상하는 데 도움이 되기 때문이에요.

도미닉이 만든
간식 신발

"정말 배가 고픈데 주변에 편의점이 없다면 어떻게 해야 할까요? 간식 신발 하나면 언제든지 간식을 먹을 수 있어요!"

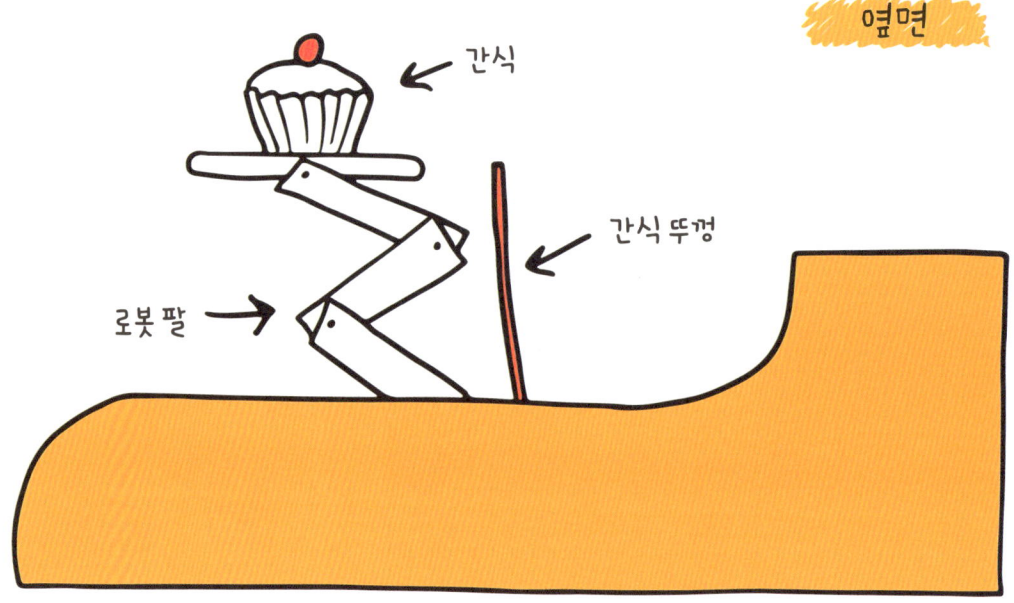

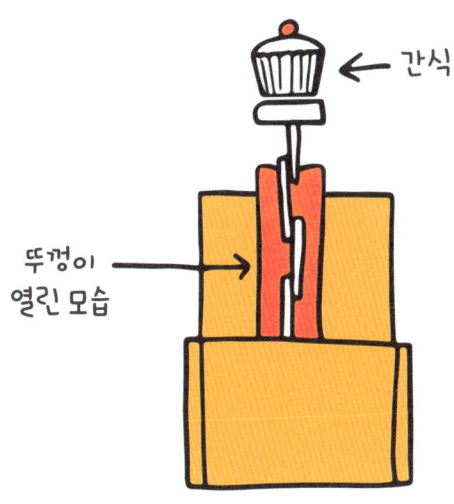
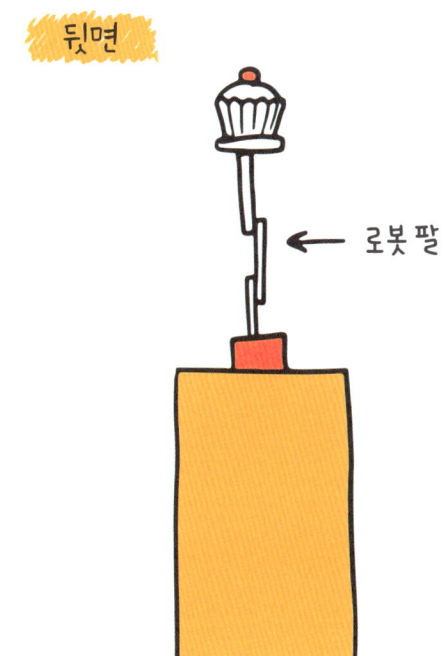
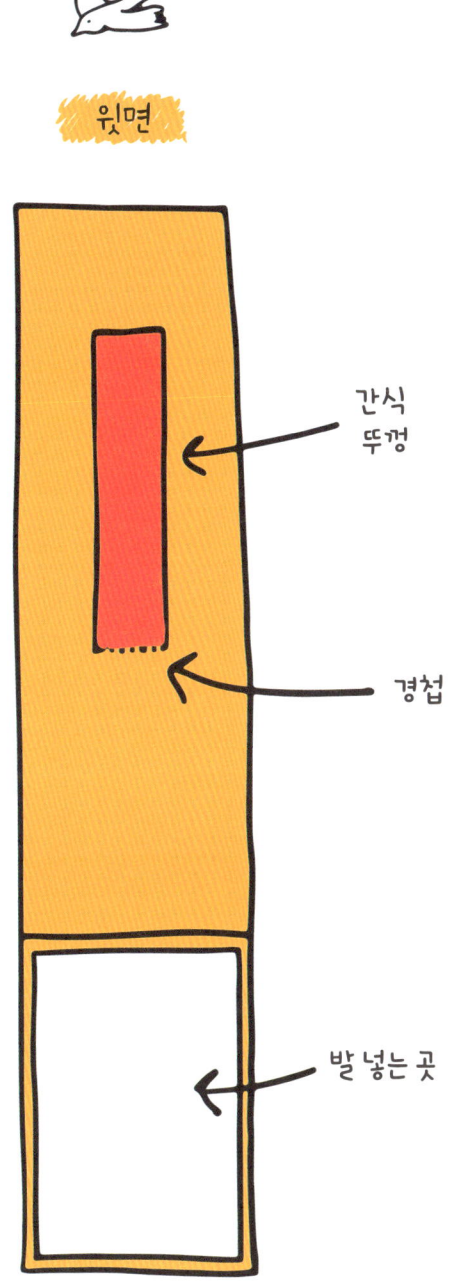

간식 신발 모형 만들기

도미닉은 모형을 만들기 전에 신발이 얼마나 커야 할지 고민했어요. 왜냐하면, 이 발명품이 진짜 신발처럼 보이길 원했거든요.

1. 사진처럼 신발 옆면을 그리세요.

2. 자르세요.

3. 처음 만든 조각을 기준으로 나머지 조각을 그리고 자르세요.

일급 비밀

먼저 종이에 모형을 그린 다음, 골판지 위에 대고 따라 그리세요.

우리의 리더

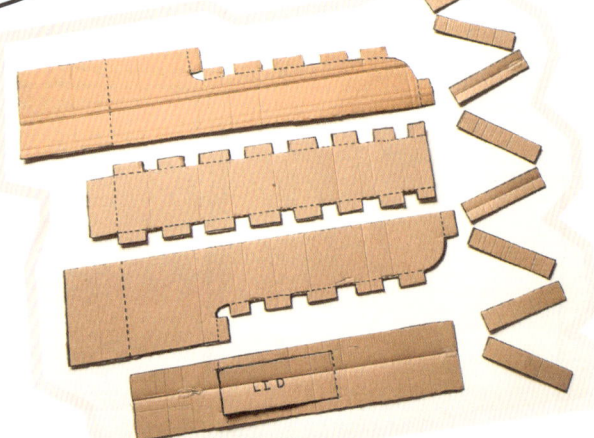

6. 가위로 구멍을 뚫고, 로봇 팔 조각들을 끈으로 연결하세요.

7. 신발 안쪽에 로봇 팔을 붙이세요.

5. 테이프로 단단하게 고정하고 마음껏 꾸미세요.

완성!

4. 3번에서 자른 조각들을 풀로 붙이세요.

나의 발명품

발명품의
이름을
쓰세요.

앞면

크고 다채롭게 그리고 설명을 덧붙여 주세요.

모형 제작 계획서

윗면

옆면

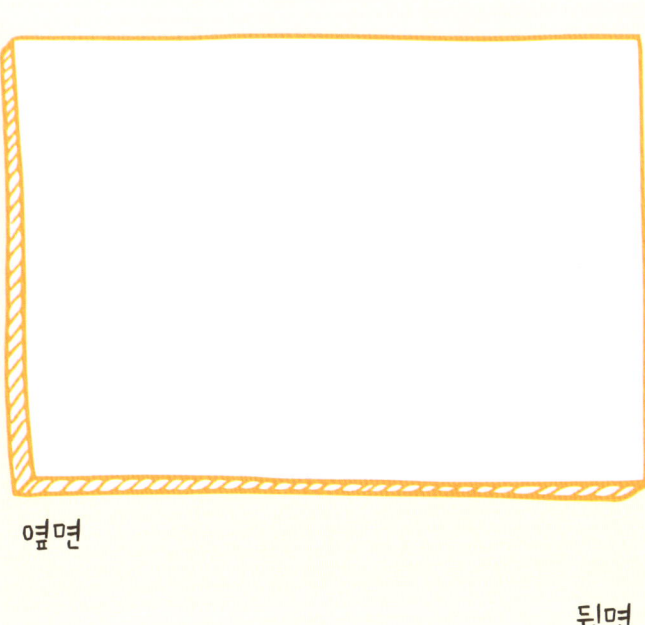

뒷면

새로운 모형을 그리고 싶다면 홈페이지에서 다운로드 받으세요.
littleinventors.org/books

모형 만들기

생각해야할 점

- 모형의 크기
- 모양과 구성 요소
- 연결 방식

본격적으로
시작해 볼까요?

재미있는 제작 기술 따라 하기

쌓기

끼워 맞추기

구부리기

질감 표현하기

모형을 만들면 **구조나 모양에 대한 중요한 결정**을 내릴 수 있어요.

예를 들어 발명품이 더 커야 할지 아니면 작아야 할지, 또 날카로워야 할지, 둥글어야 할지 알 수 있지요. 또 어느 부분을 고치면 더 잘 작동할지 확인할 수 있지요.

만들면서 배운 점은 무엇인가요?

대단해요!

진짜 완성했군요!

모형을 만드는 일은
조금 어려울 수 있지만
아이디어를 계속
발전시키는 데
도움이 된답니다.

가장 잘 작동하는 부분과
그렇지 않은 부분이
어디인지 알 수 있고,
더 나은 방법을 찾는 데
도움을 줄 거예요.

꼭 기억하세요!
이 모든 과정은 여러분이
생각한 아이디어를
더 깊이 이해할 수 있도록
도와주고 더 나은
아이디어를 떠올리도록
이끌어 준답니다.
누가 알겠어요?
실제로 움직이는 모형을
만들지도요!

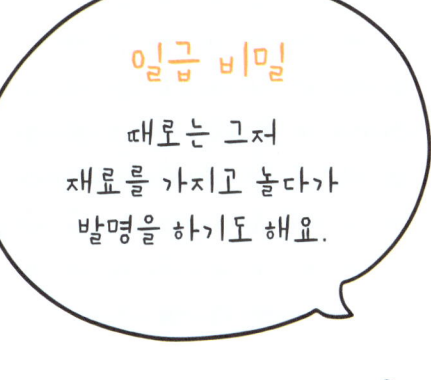

일급 비밀
때로는 그저
재료를 가지고 놀다가
발명을 하기도 해요.

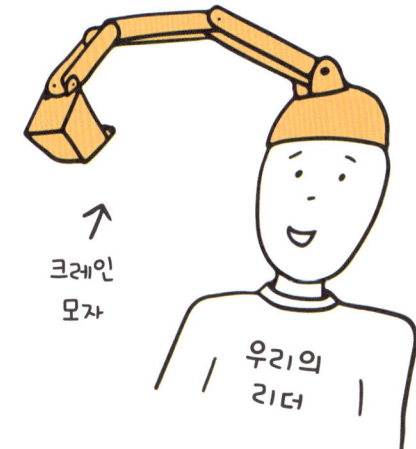

← 크레인 모자

우리의 리더

꼬마 발명가의 생각 엿보기

마우스 슈터

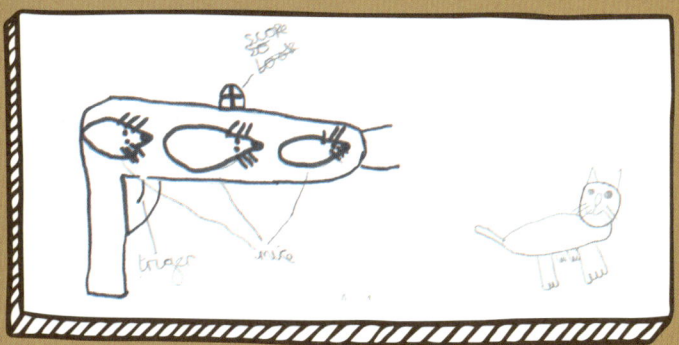

벤, 10세
영국, 빌링햄

벤에게

"우리가 키우는 고양이들이
이 장난감을 좋아할 거라고 확신해요!
정말 훌륭한 발명품이에요, 벤!
또 멋진 아이디어 부탁해요!"

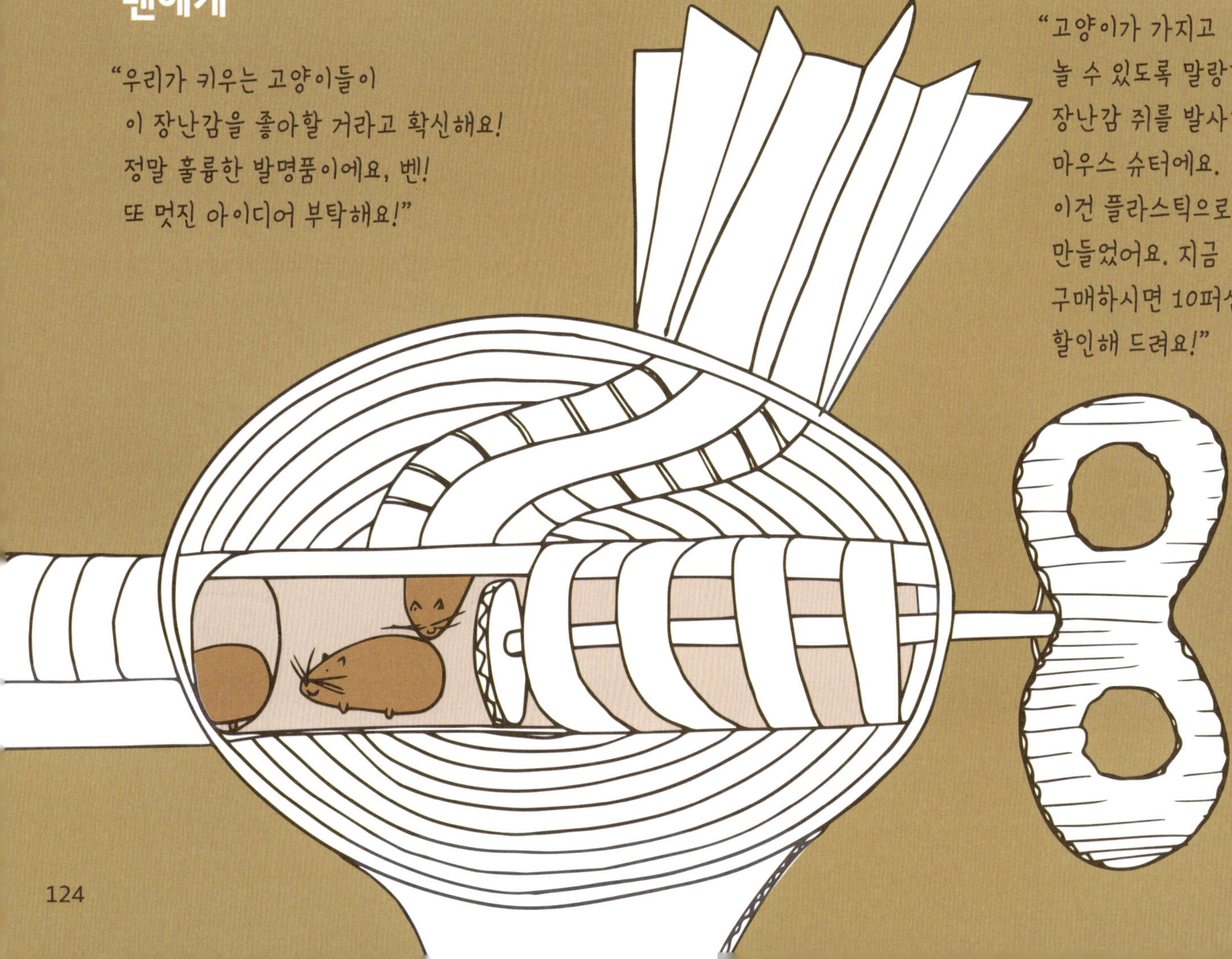

"고양이가 가지고
놀 수 있도록 말랑한
장난감 쥐를 발사하는
마우스 슈터에요.
이건 플라스틱으로
만들었어요. 지금
구매하시면 10퍼센트
할인해 드려요!"

진짜가 된 아이디어!

영국 뉴캐슬의 애니메이터인 클로에 로드햄이 벤의 아이디어를 진짜 장난감으로 만들었어요.

↑ 콜린 데이비슨의 사진

오늘만 10% 할인!

"처음에 이 발명품을 보고 키우는 고양이가 좋아할 거라 확신했답니다. 벤의 아이디어가 정말 재미있어서 절로 웃음이 나왔어요. 그리고 처음 구매할 때 10퍼센트를 할인해 주는 기업가다운 생각도 마음에 들었어요.

발명품은 골판지와 접착제, 테이프만으로도 충분히 만들 수 있었어요. 골판지를 사용했기 때문에 구조를 조정하고 다시 작업하기 쉬웠지요. 벤의 그림을 바탕으로 장치가 실제로 어떻게 작동할지 생각해야 했어요. 모형 제작 과정이 정말 재미있었답니다."

여러분이 만든 모형은 어떤가요? 설계도와 얼마나 다른가요? 바꾸고 싶은 부분이 있나요?

9장

넘치는 아이디어! 발명품도 준비 완료!

이제 나도 꼬마 발명가!

축하합니다!

여기까지 잘 따라와 주었군요!

이제 공식적으로 꼬마 발명가가 되었어요!
세상으로 나가 무엇이든 해낼 수 있지요.

여러분의
아이디어를 세상에
보여 주세요!

지금까지 우리는
- 아이디어를 내고
  발전시키는 방법
- 상상력을 자극하는 방법
- 모형을 만드는 방법
- 아이디어를 더 깊이
  탐구하는 방법까지
살펴보았어요.

이제 여러분의 아이디어를
세상 모두와 공유할
시간이에요!

책에 이 아이콘이 나올 때마다,
여러분의 발명품을 사진으로 찍어
littleinventors.org에 업로드하세요.

우리는 올라온 모든 아이디어를 직접 살펴본답니다.
그리고 그 중 일부는 전문가의 도움을 받아 실제
발명품으로 만들어질 수도 있어요. 상상만 해도 정말
짜릿하지 않나요? 과연 어떤 아이디어가 올라올까요?
정말 기대되요!

업로드를 완료하면 **꼬마 발명가 자격증**을 받을 수 있어요.

그리고 여러분의 발명품은 누구나 온라인으로 볼 수 있게 돼요. 전 세계 사람들과 아이디어를 공유할 수 있게 되는 거지요.

Little Inventors

This
Certificate
is awarded to

Little Inventor
Emily

For the
Ingenious idea
Silent ear cover

skin coloru   ear cover

Dominic Wilcox
Dominic Wilcox
Chief Inventor

아직 끝이 아니에요! 할 수 있는 일이 아직 남았으니까요.

발명품을 더 멋지게 발전시키기

지금까지 **아이디어를 내고, 그리고, 만들었어요.** 하지만 여기서 발명이 끝나는 건 아니랍니다.

우리의 상상은 멈추지 않아요. 발명품도 마찬가지지요. 언제든지 바꾸고 더 낫게 만들고 아예 재탄생 시킬 수도 있어요.

> **일급 비밀**
> 만든 발명품을 다시 보면 미처 보지 못했던 것을 발견할 수 있어요. 더 낫게 만들 수도 있지요.

새집 모자
우리의 리더

한 발짝 물러나 살펴보기

우리는 발명을 할 때 세세한 부분까지 신경을 쓰지요. 하지만 일단 마무리했다면, 한 발짝 물러서서 새로운 마음으로 아이디어의 핵심을 다시 살펴보세요.

생각하지 못했던 사항이 떠오를 수도 있고, 수정하거나 추가하고 싶은 것들을 발견할 수도 있답니다. 이런 과정을 통해 발명품을 조금씩 발전시킬 수 있어요.

조사하기

우리는 어떤 사람이나 특별한 목적을 위해 발명품을 고민합니다.

다른 사람과 이야기하고 아이디어를 공유하다 보면 점점 시야가 넓어질 거예요. 때로는 그들의 반응에 놀랄지도 모르지만 그 과정에서 예상치 못한 발명품의 새로운 사용법을 발견할 수도 있어요.

시야 넓히기

마인드맵을 사용하여 여러분의 발명품에 다른 아이디어를 더해보세요.

이 방법은 발명품을 다른 방식으로 바라보게 해 줍니다. 어쩌면 완전히 새로운 발명품을 떠올릴 수도 있겠지요!

다시 그려 보기

시간이 흐른 뒤에, 기억을 되살려 발명품을 다시 그려 보세요.

처음 것과 어떻게 달라졌나요? 바꾸고 싶은 것은 무엇인가요? 이전의 아이디어와 같은가요? 아니면 조금 달라졌나요?

생각의 흐름에 따라 자연스럽게 그려 보세요.

이야기 뼈대 만들기

아이디어를 내는 것은
대단한 일이에요.
이제는 발명품이 만들어진 다음에
과연 어떤 일이 벌어질지
상상해 볼 거예요.
발명품에 관한 짧은 이야기를
만들어 보세요.

이야기 속 등장인물 :

등장인물이 발명품을 사용하는 방법 :

이야기의 장소와 시간 :

뒷이야기 :

발명품 때문에 달라진 점 :

나의 발명품 이야기

발명품의 이름 :

이야기를 써 보세요.

이야기를 만들어 보니 **여러분의 발명품이 어떻게 보이나요?** 새로운 사용법을 발견했나요? 발명품을 새롭게 고칠 건가요? 다른 새로운 것을 만들기로 했나요?

발명가의 기록

한꺼번에 여러 아이디어가
떠오를 때가 있지요?
좋은 아이디어를
깜빡 잊어버린다면
정말 아쉬울 거예요.

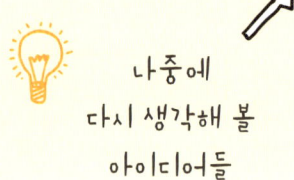

나중에
다시 생각해 볼
아이디어들

littleinventors.org에서
드로잉시트 등 많은
자료를 추가로 다운로드 받을
수 있답니다.
늘 새로운 도전 과제가
나와있으니 도전해 보세요!

돕고 싶은 사람들

해결하고 싶은 문제들

누구를 위한 발명품인가요?

해결해야 할 문제는 무엇인가요?

어떻게 도움이 되나요?

어떻게 작동하나요?

 littleinventors.org에 아이디어를 업로드하세요.

나의 발명품

발명품의
이름을
쓰세요.

크고 다채롭게 그리고 설명을 덧붙여 주세요.

누구를 위한 발명품인가요?

해결해야 할 문제는 무엇인가요?

어떻게 도움이 되나요?

어떻게 작동하나요?

littleinventors.org에 아이디어를 업로드하세요.

나의 발명품

발명품의
이름을
쓰세요.

크고 다채롭게 그리고 설명을 덧붙여 주세요.

누구를 위한 발명품인가요?

해결해야 할 문제는 무엇인가요?

어떻게 도움이 되나요?

어떻게 작동하나요?

 littleinventors.org에 아이디어를 업로드하세요.

나의 발명품

발명품의 이름을 쓰세요.

크고 다채롭게 그리고 설명을 덧붙여 주세요.

10장

어른에게도
발명이 위대한 이유

발명은 세상을 바꿀 수 있어요.

책을 읽으면서 깨달았을 거예요. 발명은 정말 재미있다는 것을요!

물론 재미만 중요한 건 아니에요. 그 중심에는 진짜 목적도 있답니다. 우리는 어린이들의 생각을 진지하게 받아들이고 함께 고민하는 것이 사회 전체에 큰 변화를 가져올 수 있다고 믿고 있어요.

창의력과 문제 해결 능력은 이미 우리 사회가 요구하는 자질 중 하나입니다. 빠르게 발전하는 미래 기술 사회에서 그 중요성은 더욱 커질 거예요.

발명하는 과정에서 아이들은 과학과 기술, 예술과 디자인에 흥미를 느끼고 스스로 탐구해 보는 기회를 얻게 됩니다. 또한, 자신이 생각해 낸 아이디어의 가치를 깨닫고, 자신의 능력에 대한 자신감을 키울 수 있지요.

모든 사람이 발명가가 되는 것은 아니에요. 하지만 앞으로 살아가면서 어려운 상황에 부딪힐 때마다, 이러한 창조적 경험과 정신이 큰 힘을 발휘한다는 걸 깨닫게 될 거예요.

발명은 대체로 내가 마주한
불편함을 개선하거나
다른 사람의 어려움을
해결하기 위해 시작됩니다.
그래서 발명은 아이들이
좀 더 배려심을 갖도록
해 주지요. 발명은 개인의
문제뿐 아니라 전 지구
앞에 닥친 문제들을 대하는
올바른 태도를 길러 주기도
합니다.

어른인 우리는 아이들의
무한한 상상력에서 많은
것을 배울 수 있어요.
단 몇 분이라도 시간을
내어 아이들의 아이디어를
살펴보고 끝없는 호기심에
함께하세요.

아이들의 아이디어에
있는 힘껏 즐거워하고,
놀라워하고, 궁금해하세요.
아이처럼 생각하다 보면
세상을 보는 관점이 바뀔
수도 있답니다.

진정한 변화와 발전은
이미 알고 있다고 믿는
믿음에 도전하는 거예요.
이 도전은 우리 꼬마
발명가에게 매우 익숙한
일이지요.

어른을 위한 조언

꼬마 발명가들이
아이디어를 떠올릴 때
이렇게 자신감을
북돋아 주세요.

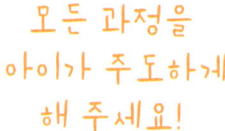

**모든 과정을
아이가 주도하게
해 주세요!**

꼬마 발명가의
아이디어이자 발명품입니다.
그러니 아이들이
무엇이든 할 수 있도록
이끌어 주세요.

**친숙한 것에서
시작하면 좋아요!**

아이디어를 내기 어려워한다면,
아이들이 무엇을 좋아하고
어디에 관심이 많은지
생각해 보세요.
친숙한 것들과 경험들이
좋은 발명 아이디어가
될 수 있답니다.

**불가능한 건
없어요!**

아이들이 엉뚱한 생각을 할 때는
아무런 제한 없이 자유롭게
상상하도록 격려해 주세요.
물리학이나 현실 따위는
상관하지 말고요!

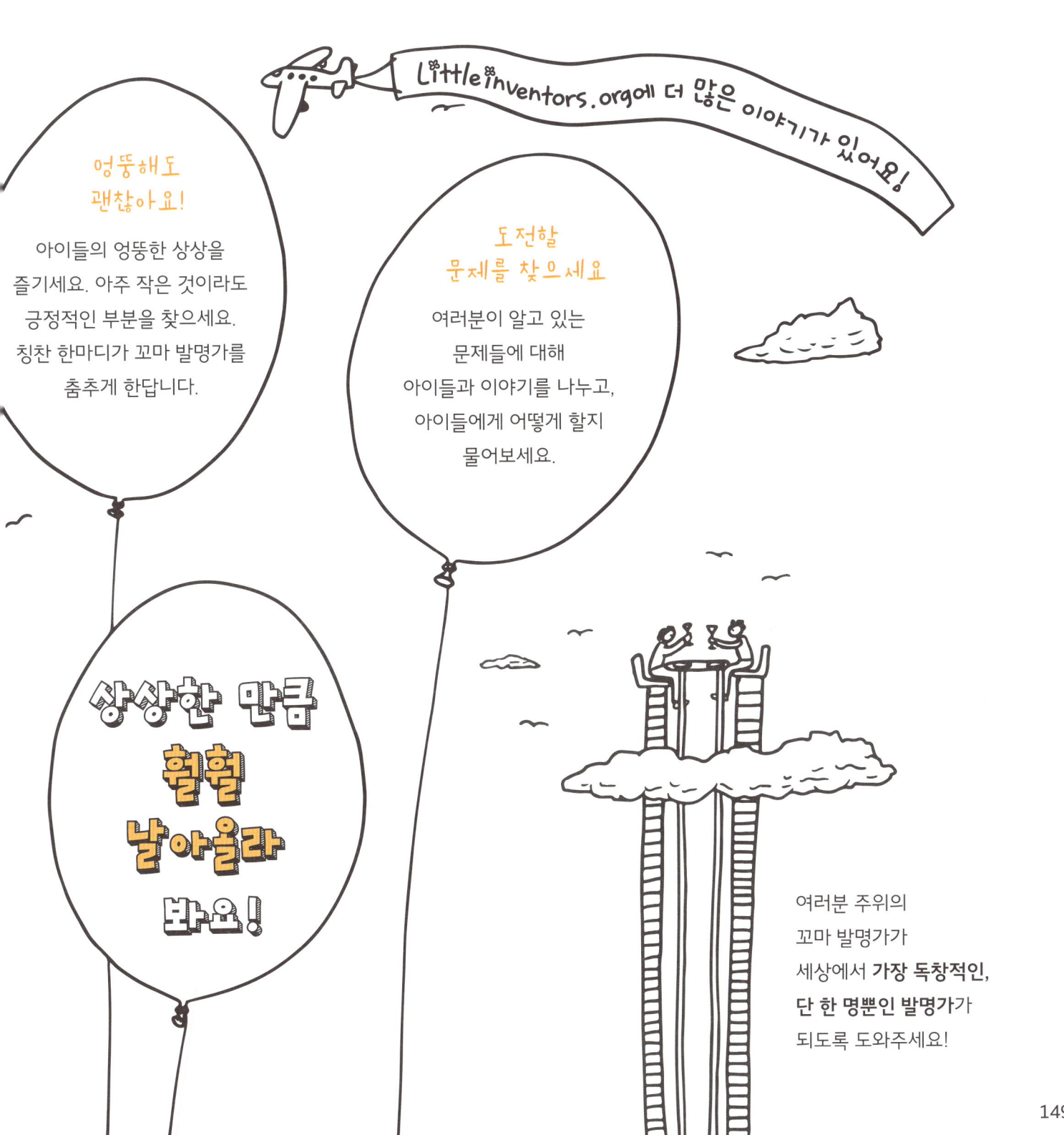

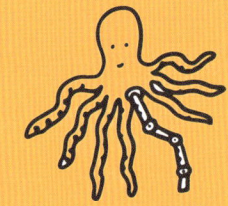

"난 항상 아침을 먹기
전에 적어도 여섯 가지
불가능한 일들을
상상하곤 했지."

하트 여왕
이상한 나라의 앨리스에서

어린이를 위한
첫 발명 수업
⚡ 상상하고 창조하는 꼬마 발명가의 탄생 ⚡

초판 1쇄 발행 2021년 11월 19일
초판 6쇄 발행 2025년 7월 1일

저자 도미닉 윌콕스, 캐서린 멘가든 | **옮김** 신대리라
편집 공은주 | **마케팅** 이민재 | **제작** 357제작소

펴낸이 공은주 | **펴낸곳** 명랑한 책방
출판등록 2017년 4월 21일 제 2017-000011호
편집 010-5904-0494 | **영업** 010-8778-8586 | **팩스** 050-4252-8586 | **이메일** thejollybooks@gmail.com
인스타그램 jolly.books.official | **웹사이트** jollybooks.co.kr
ISBN 979-11-91568-05-9 (73500)

Originally published in the English language by HarperCollins Publishers Ltd. under the title:
THE LITTLE INVENTORS HANDBOOK
© HarperCollins Publishers 2018

Images © Little Inventors
Text © Little Inventors
Drawings © Dominic Wilcox

Dominic Wilcox and Katherine Mengardon assert the moral right to be identified as the author of this work.

이 책의 한국어판 저작권은 EYA (Eric Yang Agency)를 통해
HarperCollins Publishers Ltd.와 독점계약한 '명랑한 책방'에 있습니다.
• 저작권법에 따라 한국에서 보호를 받는 저작물이므로 무단 전재와 무단 복제를 금지합니다.
• 잘못된 책은 구입하신 서점에서 교환해 드립니다.

"모든 어린이는
예술가다. 문제는
어떻게 하면 이들이
커서도 예술가로
남을 수 있게
하느냐이다."

피카소